Luiz Felipe de Alencastro

Despotismo tropical
A ditadura e a redemocratização
nas crônicas de Julia Juruna

Organização
Rodrigo Bonciani

SÃO PAULO
TINTA-DA-CHINA BRASIL
MMXXIV

Brasil, o despotismo tropical, 7
Racismo e mitos brasileiros, 20
Os militares brasileiros diante das armadilhas
 da "liberalização", 26
As dificuldades do regime militar brasileiro, 35
As divergências entre Washington e o regime militar, 40
Os limites das intervenções de Washington
 na América Latina, 47
Que viva a nação!, 53
O Brasil diante do teste da "liberalização", 56
Os limites da "liberalização" no Brasil, 66
Uma sociedade sem preconceitos raciais?, 74
A nova face do regime militar brasileiro, 79
Tribunal internacional Lula e Walesa, mesmo combate, 87
Os limites do Proálcool no Brasil, 90
Dívida externa, fator de desestabilização, 95
A oposição tem certeza de que vencerá
 as eleições no Brasil, 102
Um poder mais estabelecido diante de uma
 oposição mais forte, 108

A economia brasileira sob custódia?, 112
O Estado contra a nação, 117
As hesitações dos militares na hora
   do acerto de contas, 121
As sobrevivências do regime militar no governo civil, 127
Graciliano Ramos e a autópsia de um período sombrio, 136
A desintegração da Aliança Democrática no Brasil, 138
Os irmãos de Tito, 143
Um bom começo para o Plano Verão, 144
O Brasil contra o presidente Collor, 151
Vitória do Plano Real, 156

POSFÁCIO
Um olho no presente e outro no passado,
   por Rodrigo Bonciani, 160

Notas, 175
Origem dos textos, 185
Sobre o autor, 187
Sobre o organizador, 188

REGIME DE FERRO, ECONOMIA DEPENDENTE: O BRASIL
PROTÓTIPO DO DESENVOLVIMENTO PERIFÉRICO

Brasil, o despotismo tropical

JUNHO DE 1976

Uma das características mais marcantes do regime brasileiro tem sido a extensão do aparato repressivo e a sua penetração em todas as engrenagens da sociedade civil. Ao contrário da Argentina, onde confrontos armados causam dezenas de mortes todos os meses, o Brasil já não é mais marcado pelas ações impactantes que caracterizaram o período entre 1968 e 1972. No final desses anos de luta armada aberta, o regime conseguiu organizar uma repressão mais insidiosa e mais eficaz, que instalou a paz dos torturados entre os oponentes políticos. Essa situação dramática tem raízes na história do país e em vários fatores internacionais que catalisam tendências profundas no autoritarismo brasileiro.

O estabelecimento e a extensão da grande plantação escravista marcaram, desde o início, a colonização brasileira como um empreendimento estreitamente ligado ao capitalismo comercial europeu. O aumento constante da demanda por produtos coloniais no mercado europeu estabeleceu como postulado a ideia da "falta de braços" nas colônias americanas. Isso justificou o povoamento forçado das plantações brasileiras através do tráfico de escravos africanos. A evolução do capitalismo comercial na Europa passa pela "reinvenção" de uma relação de produção arcaica: a escravidão.

Após o avanço tecnológico que lhes garantiu o controle marítimo das rotas comerciais do Atlântico, os portugueses realizaram, no século XVI, outra inovação de capital: estabelecer grandes plantações escravistas no Novo Mundo. Outras potências marítimas europeias, seguindo o exemplo de Portugal, reconhecem a peculiaridade das condições de produção no continente americano — o progresso do Iluminismo não vai além das margens europeias do Atlântico. No século XVIII, o marquês de Pombal, déspota esclarecido, decretou a liberdade de todos os nativos do Império português, exceto os africanos, que permaneceriam acorrentados para ser transportados através do Atlântico para os campos de cana-de-açúcar, morredouros verdejantes que cobriam a costa brasileira.

Na época da Independência do Brasil, em 1822, os fazendeiros enfatizaram novamente a especificidade do povoamento e das condições de trabalho no país. Até 1850, eles se opuseram com sucesso à proibição do tráfico de escravos africanos. A pressão mais forte para abolir o comércio de africanos veio da Inglaterra. Para Londres, o "comércio ilícito" atrapalhava as trocas comerciais anglo-brasileiras e dificultava a penetração econômica e política inglesa na África. Após a extinção do comércio atlântico de africanos, capitais investidos nesse setor são redirecionados para os portos britânicos. Desde logo, Londres e os outros governos europeus se mostraram mais flexíveis com os fazendeiros brasileiros que recusavam qualquer abolição "prematura" da escravidão. A eventual abolição dependia sobretudo do governo brasileiro, e o controle exercido pelo comércio neocolonial se limitava aos estoques de café dos portos brasileiros, independentemente das condições de trabalho nas plantações.

A escravidão se apresentava como uma instituição moralmente repreensível, mas os círculos mais influentes de Londres concordavam com os porta-vozes dos fazendeiros quando estes afirmavam que a libertação de escravos arruinaria a economia agroexportadora brasileira e tornaria insolvente o Estado brasileiro, que havia recebido empréstimos consideráveis dos bancos ingleses.

Apesar do fluxo contínuo de imigrantes europeus que a pobreza lançava nas plantações brasileiras, os fazendeiros resistiam à abolição. O Brasil foi, assim, em 1888, o último país do mundo a abolir a escravidão colonial moderna. Em um país que nasceu e se organizou por quase quatro séculos em torno do escravismo, toda a sociedade é contaminada pela violência e pelo terror que permitem enquadrar as populações que estão sujeitas a esse sistema.

Diferentemente dos Estados Unidos, onde a escravidão permaneceu confinada aos estados do Sul e onde já existia um importante setor camponês fora da grande plantação escravagista, no Brasil a escravidão teve uma dimensão nacional: está presente em todo o território, e os lavradores livres desempenharam papel limitado.

Após o fim do tráfico de africanos, muitos fazendeiros que haviam previamente adquirido contingentes de escravos puderam gradualmente atrair proletários rurais portugueses, italianos e japoneses. No início do século XX, o fluxo de camponeses pobres do Nordeste para o Sul se torna mais regular. Estes empreenderam então o calvário que os fez atravessar o território brasileiro na sequência do movimento internacional de preços dos produtos da agricultura comercial. Tirando proveito desses contingentes, submetidos sob violência a condições desumanas de trabalho, a agricultura de exportação pôde continuar a ser muito competitiva.

A onipotência dos fazendeiros em suas propriedades é justificada pela própria importância da agricultura comercial. Em um país onde há grande disponibilidade de terra, a necessidade imperativa de fixar trabalhadores nas plantações permitiu que os proprietários exercessem poderes que, em outros países, eram exercidos diretamente pelo Estado. O peso sociológico dos fazendeiros é tal que, na zona rural, o termo "vagabundo" é muitas vezes atribuído ao pequeno camponês que vive em terras devolutas, sem título de propriedade, e que tira a subsistência da floresta, dos rios e da agricultura doméstica. Agricultores que recusassem a penosa condição de trabalhador rural podiam se tornar fora da lei e perder sua terra. Essa sociedade rural autoritária conseguiu, assim, manter a maioria de suas prerrogativas no período pós-escravidão. Paradoxalmente, desde meados do século XIX se tornara popular na Europa a imagem do *Brésilien*, o brasileiro descontraído, proprietário rico, que Offenbach faz tartamudear em sua ópera cômica *La Vie parisienne* (1865).

No entanto, se o seguirmos de perto, esse personagem tem um comportamento estranho: em Paris, ele agrada as dançarinas e distribui vultosas gorjetas; de volta ao Brasil, muito provavelmente dispensa o empregado que lhe pede dois centavos a mais de salário e manda queimar os casebres dos lavradores que moram há décadas nas terras que ele acabou de comprar. O comportamento da elite do país reúne todos esses elementos que fazem a especificidade própria da barbárie brasileira.

A repressão e as Forças Armadas

Depois de se efetivar, no século XIX, como instrumento do poder central e da burocracia do Estado contra as oligarquias regionais, o Exército desempenhou um papel complementar ao lado das forças militarizadas dos estados da federação e só interveio localmente quando os conflitos ultrapassaram certos limites.

Na década de 1920, uma série de revoltas lideradas por jovens oficiais progressistas abriu caminho para a Revolução de 1930 e para o advento de um novo pacto que permitiu à classe média entrar na política brasileira, quebrando a hegemonia dos grandes proprietários rurais. Definindo a industrialização como um dos objetivos fundamentais do Estado, Getúlio Vargas, que assumiu a chefia do governo, associou os militares a esses objetivos econômicos, contribuindo para o fortalecimento das Forças Armadas como instituição e de sua missão de defesa do território nacional.

No entanto, essa associação das Forças Armadas com as grandes metas da política econômica se afirmou no exato momento em que a instituição militar passava por mudanças estratégicas que teriam grandes consequências. Ao retornar da Itália, após sua ação ao lado dos Aliados durante a Segunda Guerra Mundial (1939-45), oficiais brasileiros permaneceram fiéis ao espírito de camaradagem estabelecido no combate compartilhado com os oficiais norte-americanos. Entre estes últimos estava Vernon Walters, oficial que fazia a conexão entre o comando brasileiro e o Estado-Maior norte-americano na linha de frente italiana. Diretor-adjunto da Agência Central de Inteligência (CIA) desde 1972 até recentemente, no início de 1976, o general Walters desfrutava de fortes amizades na hierarquia militar brasileira. A Guerra Fria consolidou esses laços através dos cursos de aperfeiçoamento que muitos oficiais brasileiros realizariam nas escolas militares norte-americanas. Tais ligações constituem uma das características do comportamento do Exército brasileiro em comparação com as forças armadas de outros países da América Latina.[1]

Nas escolas militares brasileiras, os oficiais são cada vez mais imbuídos do conceito de "fronteiras ideológicas" desenvolvido pelo general Golbery do Couto e Silva, dirigente da Dow Chemical no Brasil e principal conselheiro militar dos governos de Humberto de Alencar Castello Branco e Ernesto Geisel. A teoria das "fronteiras ideológicas" retoma o antigo padrão da aliança incondicional com o poder ocidental dominante, que havia sido a base da aliança de Portugal com a Inglaterra contra as ameaças espanholas no período colonial e que também estava na base da política pró-inglesa do Brasil no século XIX em relação a outros países latino-americanos. A "descoberta" do general Golbery consistiu em apresentar o domínio norte-americano sobre o "mundo livre" como um postulado permanente, e também em formular as consequências lógicas desse alinhamento. O tipo de confronto para o qual os exércitos ocidentais deveriam se preparar exigia, portanto, não apenas uma simples coordenação dos exércitos nacionais, mas uma verdadeira integração sob a "liderança" norte-americana.

Essa doutrina se espalhou entre os militares ao mesmo tempo que o Exército foi chamado a tomar partido em face do impasse econômico e político aberto no final do governo de Juscelino Kubitschek. Para dar novo ímpeto à industrialização, dois caminhos radicais estavam abertos: a ampliação do mercado interno, através de uma política de reformas sociais e da extensão do setor nacionalizado da economia, ou uma nova etapa de acumulação, com base em maior concentração de lucros distribuídos, com o consumo das classes ricas estimulando a recuperação das indústrias de bens de consumo duráveis.

O estado da guerra interna

Uma parte do Exército permanecia ligada ao projeto de industrialização nacional, mas muitos oficiais discordavam da intensa mobilização política que se encenava no Brasil. O espectro da "república sindicalista", mencionado regularmente pela direita, sensibilizava militares que viam aparecer no horizonte uma instituição que competiria com eles no plano da representatividade nacional. As lutas sociais em andamento mostravam, por sua vez, que a industrialização nacional só seria possível à custa de mudanças sociais cujo resultado era imprevisível.

O golpe de Estado de abril de 1964 quebrou dezoito anos de legalidade constitucional para bloquear a onda crescente do movimento popular. O período seguinte foi marcado pelo estabelecimento de precondições políticas e sociais que permitiriam uma nova expansão industrial, baseada na concentração de renda e na queda do salário real dos trabalhadores. Após o desmantelamento do aparato sindical, o próprio Exército foi palco de importantes expurgos que eliminaram os oficiais nacionalistas e permitiram a doutrinação do contingente.

No plano internacional, houve uma reversão total da política externa brasileira. Brasília cortou relações com Cuba e enviou tropas para Santo Domingo em 1965. Foi a formalização da doutrina das "fronteiras ideológicas". A internalização dessa doutrina na sociedade brasileira rompeu a estrutura tradicional na qual se desenrolavam os conflitos políticos regionais. O papel das Forças Armadas se transferiu da defesa do território para a manutenção da ordem. O alcance das atividades de oponentes políticos não era mais julgado apenas com base nos efeitos regionais, mas também no contexto da luta das nações do hemisfério contra a "subversão". O Estado-Maior do Exército passou assim a uma interpretação "supranacional" da segurança do Estado.

Essa nova situação gerou muitos paradoxos. O sequestro do embaixador norte-americano Charles Burke Elbrick, em 1969, ilustra a lacuna entre a política anteriormente formulada pelo Departamento de Estado e o deslocamento efetuado pelas Forças Armadas brasileiras com ajuda do Pentágono. Integrante da geração de funcionários públicos que ocuparam cargos importantes sob a administração do governo de John Kennedy, Elbrick, ex-embaixador em Lisboa e depois em Belgrado, já havia demonstrado suas habilidades de negociação. Em dezembro de 1961, quando a Índia invadiu o antigo território português de Goa, tivera destaque a ação de Elbrick em Lisboa, coordenada com a de J.K. Galbraith, embaixador dos Estados Unidos em Nova Délhi.[2]

Elbrick parecia ter um futuro brilhante quando foi nomeado embaixador em Brasília, alguns anos depois. Seu sequestro no Rio de Janeiro chamou a atenção da opinião pública ocidental para a situação política brasileira. Libertado após alguns dias, em troca de presos políticos torturados pelos militares, Elbrick ficou muito impressionado com os militantes que se ocuparam dele no cativeiro. Assim que chegou à Embaixada americana, em uma entrevista coletiva com jornalistas do mundo todo, fez comentários muito moderados sobre os carcereiros e declarou que havia sido muito bem tratado. Exasperados com essas observações, os militares brasileiros perceberam mais tarde que o embaixador havia sido levado à "inadvertência" de entregar aos militantes o nome dos principais agentes brasileiros que trabalhavam para a CIA. Chamado para uma consulta em Washington, Charles Burke Elbrick não retornou ao cargo e parece ter sido deixado à deriva pelo Departamento de Estado.

Antes classificado como um país cujo povo se comportava pacificamente, o Brasil passou a ser considerado um posto diplomático perigoso, e os diplomatas estrangeiros foram preparados para todas as circunstâncias. Desde então, a Embaixada americana cresceu em números "operacionais".

No plano nacional, o estado da guerra interna, instituído pelos militares, às vezes tinha consequências insólitas, como durante a descoberta de uma célula de guerrilha no estado do Pará, em 1971. Paralelamente ao esmagamento dos revolucionários, o Exército brasileiro foi levado a empreender a construção de estradas que romperam o isolamento da região, enquanto tomava medidas de assistência médica que beneficiaram temporariamente as populações desamparadas. Surpreso com o repentino interesse das autoridades pela maioria dessas populações, um prefeito declarou ingenuamente à imprensa que, afinal, a guerrilha fora "benéfica". No entanto, além desses acontecimentos inesperados, a consequência mais trágica dos eventos de 1968 a 1972 foi a ampliação do aparato repressivo.

Os obstáculos à "liberalização"

O endurecimento marcado pelo Ato Institucional n. 5, decretado em dezembro de 1968, lançou na clandestinidade, e em seguida na luta armada, estudantes, jornalistas, sindicalistas e trabalhadores que, no período anterior, contavam com a pressão das massas para forçar os militares a mudarem sua política. Os militares, que desde o fim da década de 1950 haviam recebido do exército norte-americano treinamento intensivo contra a guerrilha na floresta, e que haviam se preparado para ações de "pacificação" no campo, viram-se despreparados com a eclosão da guerrilha urbana. Tiveram que convocar os "técnicos" da polícia civil, que tinham conhecimento profundo dos métodos de repressão em ambiente urbano. De fato, desde o início do século XX, o empobrecimento do campo criara um fluxo migratório para as cidades, expandidas por favelas e subúrbios de baixa renda. Gradualmente, a polícia viu aumentar seu papel de "conter" a criminalidade. Como a pena de morte fora banida da Constituição, a polícia usou métodos que já haviam provado serventia nos tempos da escravidão. Por várias décadas, torturas e execuções sumárias vinham preenchendo de abusos as páginas policiais no Rio de Janeiro e em São Paulo. Esses agentes especializados em infiltração, chantagem e tortura localizavam e matavam um a um os líderes das organizações clandestinas. Confissões extraídas sob tortura formaram a base da acusação nos julgamentos, que enviaram centenas de opositores para a prisão.

Quando o general Ernesto Geisel chegou à Presidência da República, em 1973, as organizações clandestinas de oposição praticamente entraram em colapso. Pareceu, então, desejável reduzir a dimensão do aparato repressivo, cuja preservação agora parecia inútil e comprometia a imagem do regime no exterior. Além disso, no plano internacional, a contradição era flagrante entre o estado da guerra interna, inspirado diretamente pela Guerra Fria, e a "distensão" internacional. No entanto, logo ficou claro que as análises políticas da Presidência da República, que julgavam indispensável uma "liberalização" do regime para ampliar sua base social, não foram seguidas pelos responsáveis mais diretos da repressão. Confirmou-se então, em termos concretos, no plano institucional, o que já era claro no plano político desde 1964:

certos círculos industriais e bancários haviam confiscado em seu proveito a ordem estabelecida pelos militares. Contornando a autoridade do Estado, o aparato repressivo funcionava como uma polícia privada a serviço dos grupos econômicos ligados ao regime. A partir do fim da década de 1960, foi organizada toda uma rede de contribuições de patrões e grandes capitalistas para financiar a repressão. Entre os doadores, constavam empresários de certos setores especulativos, como a construção civil, além de grandes industriais e banqueiros.[3]

Tais setores mostraram que temiam que a "liberalização" favorecesse a reorganização do movimento sindical. A repressão atacou então violentamente os meios intelectuais e sindicais. Um novo passo foi dado em São Paulo, onde importantes organizações policiais foram estruturadas em torno do comando do Segundo Exército. Com assassinatos deliberados, as autoridades militares paulistas queriam colocar o presidente da República contra a parede para forçá-lo a assumir o risco de repudiar de forma pública a repressão. Atuando habilmente com a indignação provocada na opinião pública por esses assassinatos, o governo central conseguiu fazer uma série de mudanças nas unidades do Exército e na polícia de São Paulo.

Contudo, ainda estamos longe de qualquer "Noite das Facas Longas", que levaria a uma unificação da polícia nas mãos do Estado. Na verdade, ficou claro que a rede de cúmplices dos torturadores não era restrita aos suboficiais.[4] O governo militar brasileiro, que também afirma ser "revolucionário", não pode denunciar os torturadores sem correr o risco de questionar a própria legitimidade. O presidente Geisel pode, assim, apenas esvaziar temporariamente o conteúdo das oposições que surgem à sua direita, e para isso ele deve endurecer sua atitude, abandonando sua política de "liberalização". É nessa perspectiva que devemos analisar os eventos recentes que marcaram a política externa brasileira.

A crise econômica iniciada em 1974 e o declínio dos investimentos norte-americano e europeu no Brasil levaram os governantes brasileiros a romper parcialmente com a política de alinhamento incondicional à diplomacia dos Estados Unidos, cujas mudanças estavam se tornando muito inesperadas. A diplomacia brasileira inicia então uma adesão progressiva às teses do Terceiro Mundo, sobretudo com a esperança de se beneficiar das ações conjuntas dos países produtores de matérias-primas. Foi possível seguir com essa aproximação após a interrupção da "liberalização" interna.

Paradoxalmente, os limites dessa política externa "independente" surgem após o gesto mais espetacular e ousado da diplomacia brasileira: o reconhecimento do Movimento Popular de Libertação de Angola (MPLA) no dia seguinte à retirada das tropas portuguesas de Angola. A intervenção das tropas cubanas no conflito reviveu o velho demônio da subversão de Fidel Castro, que há muito preocupava os militares brasileiros. Todas as condições foram reunidas para criar, no Atlântico Sul, um microclima de tensões internacionais que trouxe o Brasil de volta ao auge da Guerra Fria.

O desaparecimento da contradição entre o abrandamento internacional — os norte-americanos estavam "errados" — e o estado da guerra interna justificou o endurecimento do regime. Havia, portanto, com dois anos de diferença, a coincidência de fatores externos e internos que permitiu aos setores mais radicais, entre militares e civis, fortalecer o domínio do regime. A recente visita de Henry Kissinger à América Latina formalizou um desenvolvimento já visível nos últimos anos. Na rivalidade secular entre Brasil e Argentina, os Estados Unidos seguiram a política cautelosa e inteligente praticada pela Inglaterra no século XIX: tirar proveito da posição de árbitro para obter concessões comerciais de ambas as nações, sem optar nem por uma nem por outra.

No entanto, desde o fracasso da operação de substituição do regime militar realizada por Perón, a Argentina mergulhou em um impasse, exemplar em todos os aspectos quando comparado com a situação brasileira. Ao contrário do que aconteceu no Brasil, onde o aparato sindical organizado por Vargas entrou em colapso com João Goulart em 1964, o Comando Geral dos Trabalhadores (CGT) argentino ainda resistia à pressão do patronato e dificultava qualquer política de acumulação capitalista baseada no achatamento dos salários e no desemprego — condições essenciais para o "milagre econômico" brasileiro. Tirando lições desses diferentes desenvolvimentos na situação interna dos dois países, os Estados Unidos têm favorecido, nos últimos anos, sua aliança com o Brasil, em detrimento da Argentina.

O complexo agroalimentar

A política atual dos Estados Unidos tem outras diferenças fundamentais em relação à que foi praticada no início dos anos 1960. Anteriormente, a criação da Aliança para o Progresso visava reduzir as desigualdades sociais mais flagrantes para combater o movimento de radicalização das classes médias, cujo apoio havia garantido a vitória de Fidel Castro em Cuba. Ela incluía os princípios de reformismo que haviam marcado a Guerra Fria. No Brasil, a chegada dos militares ao poder em 1964 interrompeu esse movimento; no entanto, não foram eliminados os riscos suscitados pela política de integração econômica aos Estados Unidos. A existência de um grande setor econômico nacionalizado dificultava a penetração de capital estrangeiro. Além disso, as grandes empresas públicas brasileiras sempre formaram funcionários rebeldes à penetração do capital estrangeiro. A imprevisibilidade da sucessão presidencial no Brasil desde que os militares tomaram o poder tornou ainda mais factível a aliança entre militares nacionalistas e parte da burocracia estatal.

Em outras palavras, o golpe de Estado certamente dificultou o avanço das ideias socialistas no Brasil em razão da supressão das liberdades civis, mas a existência de um setor nacionalista e as relações de força internas no Exército não excluíam o alinhamento do Brasil com as posições terceiro-mundistas. A ofensiva da diplomacia dos Estados Unidos em relação ao Brasil visa, portanto, forçar um duplo isolamento da política brasileira: primeiro na América Latina, em seguida no conjunto dos países do Terceiro Mundo.

Além disso, a "resposta" brasileira diante da ameaça de bancarrota econômica segue na mesma direção. Em vez de pôr em prática uma política de restrição de importações que estaria em contradição com a política de consumo de importados e prejudicaria as classes privilegiadas que são seu principal apoio, o governo prefere acentuar a privatização da economia, entregando ao capital estrangeiro os setores lucrativos que se constituíam como monopólio estatal, na esperança de atrair o capital estrangeiro que lhe permitiria reduzir o déficit da balança de pagamentos.

Os desafios da aliança privilegiada que une os Estados Unidos ao Brasil parecem, doravante, ir além do quadro da política sul-americana.

Mesmo sob a forma de subimperialismo de um país que desempenha o papel de gendarme regional em nome dos Estados Unidos, ou de um pré-imperialismo autenticamente nacional, as ameaças que o expansionismo brasileiro representa para outros países da América do Sul só podem se materializar na medida em que não se oponham ao domínio que as indústrias norte-americanas exercem nos mercados do subcontinente. São as multinacionais que continuam dominando o projeto industrial brasileiro.

Bem diferentes são as mudanças que ocorrem atualmente nas zonas rurais brasileiras. Decisões recentes do governo norte-americano mostram que o país está deliberadamente atuando para aumentar a capacidade produtiva agrícola, na perspectiva de um aumento da demanda e da oferta mundial insuficiente de alimentos. A penetração de multinacionais no setor alimentício brasileiro tem se intensificado nos últimos anos, mas conforme certas características específicas. Na pecuária bovina, em que se prevê para 1980 um déficit mundial de produção de cerca de 1,6 milhão de toneladas de carne, não se obtém aumento produtivo por meio da introdução de técnicas de criação intensivas, mas com a criação extensiva, usando terras quase gratuitas e o mercado de mão de obra oferecido pela população brasileira.[5] No setor agrícola, tanto na agricultura "antiga" — algodão, café, tabaco e cana-de-açúcar — como na "nova" agricultura comercial — a soja —, grande parte do aumento da produção também ocorre com a ampliação das áreas de plantio.

Diferentemente da política colonial clássica à qual o Brasil foi submetido por três séculos, o neocolonialismo das multinacionais não está muito envolvido na organização da produção agrícola. No caso brasileiro, era sobretudo a comercialização da produção que lhes interessava. Assim, para compensar o déficit causado pela especulação no mercado internacional, os fazendeiros e criadores brasileiros tendem a expandir as áreas de produção. Esse cálculo econômico, tradicional na agricultura comercial brasileira, resulta na organização em larga escala de uma economia do desperdício.

A fronteira agrícola que progride na Amazônia também se estende para o oeste, no eixo do trópico de Capricórnio. Está em andamento uma expansão das fazendas e do gado para a Bolívia e em especial para o Paraguai. De fato, esse país se encontra muito mais próximo do sistema comercial e portuário dinâmico da economia brasileira formado em torno de São Paulo do que da Amazônia. Nessa região, apesar de todos os abusos já praticados contra as populações indígenas e os trabalhadores migrantes, o Estado ainda não conseguiu desempenhar o papel que lhe foi atribuído pelas multinacionais: estabelecer a infraestrutura rodoviária e organizar o povoamento a fim de permitir a exploração do potencial florestal e mineiro da região amazônica.

É em torno do complexo agroalimentar brasileiro, que depende dos circuitos de comercialização das multinacionais, que os objetivos expansionistas do Brasil se materializam rapidamente. Como mostra o Relatório da CIA sobre a Fome e a População Mundial, as teses do Clube de Roma ganharam força em Washington.[6] O controle dos mercados produtores de alimentos está se tornando essencial no confronto entre União Soviética e Estados Unidos. Nessa perspectiva, a recolonização do Brasil, através da internacionalização de seu mercado interno e da consolidação do autoritarismo interno, parece ser uma vantagem decisiva para a política norte-americana.

Assim, prolonga-se o que a história do Brasil pode conter de barbárie — outrora a escravidão colonial, hoje este despotismo tropical. Tragédia vasta que o capitalismo continua renovando.

O "Comitê Brasil pela Anistia"[7] acaba de publicar dois relatórios que reúnem documentos importantes sobre as condições de trabalho e a repressão aos sindicatos, a deterioração da situação econômica, a condição camponesa e a campanha para anistia, o imperialismo francês no Brasil, a atitude da Igreja católica, a censura.

LEITURAS SUCESSIVAS DE UM GRANDE LIVRO

Racismo e mitos brasileiros

JUNHO DE 1976

O livro de Gilberto Freyre reimpresso recentemente na França em edição de bolso tem um curioso destino.[1] Em um amplo painel histórico, são traçadas as etapas que marcam a colonização portuguesa do Brasil a partir do século XVI. Ao choque que opõe os colonos aos indígenas, segue a importação maciça de escravos. Ao redor dos campos dos fazendeiros de cana-de-açúcar organiza-se uma sociedade patriarcal, agrária e escravagista que procede à fusão das culturas indígena, africana e portuguesa numa cultura mais vasta e multiforme, dando origem à civilização cujo cadinho é o Brasil.

Gilberto Freyre aprofunda sua descrição da família patriarcal para destacar o papel capital desempenhado pelos portugueses. Os colonizadores desenvolvem laços familiares e parafamiliares com o conjunto dos habitantes da região e, assim, reduzem a formação de grupos culturais isolados e antagônicos. O indígena e o africano servem de mediadores aos portugueses na adaptação a um meio natural hostil, permitindo assim o (único?) sucesso do transplante em grande escala de europeus na zona tropical.

A publicação desse livro, em 1933, coincide com um movimento de crítica à sociedade patriarcal e agrária brasileira propagado pelas elites modernizadoras, na época em que Vargas chegou ao poder com o apoio da classe média urbana. O livro imediatamente foi recebido como uma obra progressista, corajosa, cujas teses principais reabilitam a cultura negra e seu contributo à formação da sociedade brasileira.

Casa-grande & senzala contraria a corrente racista ocidental que se desenvolve a partir do século XIX, o tema da superioridade da raça branca que impulsiona a conquista de possessões na África e na Ásia. Essa corrente racista repercute no Brasil, onde as classes dominantes que discutem a questão da identidade nacional rejeitam a cultura africana: querem que se reconheça a sociedade brasileira como uma sociedade branca, de filiação europeia. De 1890 a 1920, a corrente dita do "racismo científico" se dedica, assim, a demonstrar o "branqueamento" gradual do povo brasileiro utilizando todo tipo de argumentos culturais e demográficos.

Gilberto Freyre discorda dessas ideias dominantes e baseia sua interpretação em uma documentação variada, criando a própria metodologia e o próprio estilo.

No período pós-guerra, após o cataclismo nazista e a derrubada do regime autoritário de Getúlio Vargas, as ideias desenvolvidas por Freyre estão novamente em pauta. Em 1952, foi publicada a primeira edição francesa de *Casa-grande & senzala*. O prefácio no qual Lucien Febvre apresenta a obra aos leitores franceses é ilustrativo do estado de espírito dos intelectuais franceses nesse período. Do método do autor, Lucien Febvre retém a liberdade do pesquisador. Do conteúdo do livro, ele identifica as lições que os europeus que "veem em toda parte os povos de cor se rebelarem contra eles" devem aprender. Na maré ascendente da descolonização, delineia-se a sombra do problema colonial europeu por trás da leitura proposta no livro de Gilberto Freyre. O Brasil, tal como é descrito, aparece como exemplo bem-sucedido de uma sociedade que integrou culturas diferentes, postas face a face pelos colonizadores.

A sequência de acontecimentos na África e na Ásia compromete as tentativas de encontrar, para os problemas apresentados pela descolonização, uma solução semelhante à brasileira. A influência de *Casa-grande & senzala*, no entanto, permanece viva na Europa. Toda uma geração de acadêmicos franceses permaneceu apegada às ideias de Freyre sobre a "democracia racial" brasileira, sucedânea dos sonhos generosos que as guerras coloniais na Indochina e na Argélia haviam reduzido a frangalhos.

Uma década depois, quando o governo português, por sua vez, encara os problemas da descolonização, as ideias de Gilberto Freyre são mais uma vez atualizadas. O regime salazarista argumentará, com base nos livros de Gilberto Freyre, que a colonização portuguesa era diferente daquela praticada por outros países europeus — o que é verdade — e que o problema da descolonização das "províncias ultramarinas" não procedia. No entanto, esse é o argumento que a história acabou de lançar ao mar em Bissau, Luanda, Lourenço Marques.*

Desse modo, *Casa-grande & senzala* retorna à sua dimensão inicial, a que lhe foi dada pela sociedade brasileira. Qual é o alcance da análise de Freyre no Brasil atual, quarenta anos após a publicação do livro?

Voltemos um pouco para a região onde essa análise se originou, nas províncias do Norte do Brasil, principalmente na Bahia e em Pernambuco. Gilberto Freyre estuda as relações entre senhores e escravos, tais como são organizadas nessa região durante o século xix, e daí vem a parte mais considerável de sua documentação.

Estudos mais atuais mostram que essa região estava em decadência ao longo do século xix, devido à queda no preço do açúcar. As fazendas e os engenhos declinavam. Os escravos eram mais utilizados nas atividades domésticas e na manutenção da propriedade do que nas plantações. Enquanto isso, nos estados do Sudeste, como São Paulo e Rio de Janeiro, a expansão das plantações de café prosseguia em ritmo acelerado. Escravos subempregados do Norte, do Nordeste e até do Sul eram comprados pelos fazendeiros de café. Quando o grande afluxo do comércio de africanos diminuiu, em 1850, escravos urbanos e das pequenas fazendas recebiam o anúncio de sua venda aos cafeicultores como um castigo. Em 1870, havia mais escravos no Centro-Sul do que no Nordeste. O grande aumento nas exportações de café suscitou o agravamento das condições de trabalho nos campos. Revoltas de escravos se repetiam nas áreas em que a cafeicultura estava progredindo. A sociedade escravista estudada por Gilberto Freyre — a do Nordeste — engendrou menos tensões, na medida em que se desconectava do mercado internacional, sua razão de ser.

---

* A partir de março de 1976, a capital de Moçambique passou a se chamar Maputo. [N.E.]

Além disso, a situação dos escravos domésticos era a que mais se assemelhava ao modelo de relacionamento entre senhores e escravos, descrito no livro como relativamente mais distendido. Os escravos do campo recebiam tratamento completamente diferente por parte dos feitores nas plantações. No entanto, se os escravos urbanos escapavam mais do controle dos senhores, tinham de lidar com a polícia e com os patrões a quem os senhores alugavam seus serviços.

A interpretação de Gilberto Freyre é posta em questão por essas diferenças regionais e setoriais, na medida em que tem a ambição de abranger toda a sociedade escravagista brasileira. Isso se deve em parte à descrição por temas, que evita o problema da periodização, e em parte às doutrinas sociológicas que inspiraram o autor. Consequentemente, todos os atores da trama social se encontram em cena, mas o ritmo ao qual Gilberto Freyre os faz evoluir é bastante impressionista.

Essas críticas foram feitas no devido tempo e o autor está ciente delas. Ao longo dos prefácios que escreve para as sucessivas edições do livro, ele especifica que seu assunto "é menos o que sobrevive entre nós da raça e da civilização africana, portuguesa ou indígena no seu estado mais puro" do que "o processo de formação de uma sociedade e uma civilização tipicamente brasileiras" (prefácio da terceira edição lançada no Brasil).

Mesmo que não trate as relações raciais no Brasil como algo bem-sucedido, Gilberto Freyre vê na mistura de raças — a "miscigenação" —, conhecida desde o início da colonização, o principal traço da sociedade brasileira e o processo ininterrupto de realização da "democracia racial". No fim das contas, essa é a base da ideologia racial dominante no Brasil atual.

Nessa ideologia multirracial — com o mestiço como camada intermediária —, a classificação é feita com base nas características físicas do indivíduo, que podem variar de acordo com o tempo, a região ou o observador ("fenótipo"). Nos Estados Unidos, ao contrário, a ideologia birracial classifica os indivíduos como brancos ou negros; os casamentos exógenos são condenados e os casos individuais são resolvidos não pela aparência do indivíduo, mas pela ascendência racial.

Para explicar o processo de "miscigenação" das raças no Brasil, Freyre invoca a "lascívia" dos portugueses e seus descendentes e a "indiferença" do brasileiro em relação aos critérios raciais habituais. Outros autores elaboram explicações que contradizem tal visão otimista desse processo vasto e complexo. O "branqueamento" da raça no Brasil é o resultado tanto da política oficial de imigração em favor dos brancos (em 1934, diante do aumento do número de imigrantes japoneses, o governo criou um sistema de "cotas" por nacionalidades que ainda hoje define a política oficial) como da redução do contingente étnico e cultural afro-brasileiro. A dinâmica desse "branqueamento" reside menos no real ou suposto "priapismo" dos portugueses e brasileiros, brancos e mulatos que na exploração sexual que exerceram sobre as mulheres negras, que teve sequência no preconceito racial, que as levou a procurar companheiros mais brancos que elas (processo de hipergamia). Criam-se, assim, os efeitos cumulativos que, de geração em geração, causam a diminuição natural da população negra. Paralelamente, a cooptação pela qual os brancos organizam a ascensão social dos negros e dos mulatos estabelece o mecanismo de "decapitação" cultural do grupo inferior pela absorção de suas elites no grupo dominante.

Todas essas razões explicam como a questão racial está oculta na sociedade brasileira atual.

Por outro lado, também mudaram os critérios pelos quais os ocidentais classificam os civilizados e os "outros". O "milagre brasileiro" apresentado pelas classes dominantes é a taxa de crescimento anual do Produto Interno Bruto (PIB), e não mais a taxa de crescimento da população branca, que preocupava os diplomatas brasileiros do passado. A interpretação freyriana da sociedade brasileira permanece amplamente dependente de um Brasil agrário e patriarcal, de uma civilização pré-industrial em que os grupos culturais presentes se encontrem num relativo equilíbrio. A crescente urbanização e a industrialização selvagem das últimas décadas lançaram esse universo a um passado mítico. Ao mesmo tempo, a revelação gradual de práticas que escondem a discriminação racial transformou o tema da "democracia racial" em um mito brasileiro. A defesa constante desse tema pela classe dominante e a violência com que são acolhidas as críticas dos céticos mostram que esse mito se tornou um dos pilares da ordem no Brasil.

Diante de uma evolução social que inverte as ideias generosas de sua juventude, Gilberto Freyre se fechou num passadismo estreito.

Sua voz autorizada se misturou com as correntes de retaguarda que, em Portugal, tentavam dar uma nova cobertura ideológica à manutenção das colônias na África. Mas esse fim melancólico não pode nos fazer esquecer que *Casa-grande & senzala* carrega uma mensagem fraterna e generosa de uma sociedade que, além do presente sombrio, retém o poder capaz de transformar essa mensagem em uma realidade viva.

CRISE ECONÔMICA E O FORTALECIMENTO
DA OPOSIÇÃO OFICIAL

Os militares brasileiros diante das armadilhas da "liberalização"

DEZEMBRO DE 1976

A gravidade da situação econômica do Brasil deixou de ser um tabu. Ela é agora publicamente reconhecida pelo governo e cuidadosamente levada em consideração pelos meios financeiros ocidentais, que, avaliando o risco, endurecem as condições de seus empréstimos ao país. Somente o serviço da dívida externa (23 bilhões de dólares) vai bloquear 4,5 bilhões de dólares em 1976, ou seja, metade do montante das exportações previstas para este ano. No país, a taxa de inflação deve chegar a 50%, mesmo com a taxa de crescimento em constante declínio: de 10% em 1974 desceu para 4% em 1975 e não deve exceder 2% em 1976. Isso resultará, pela primeira vez em 1976, em queda na renda per capita, à medida que a população brasileira continua a crescer a uma taxa de 3% ao ano.[1]

É verdade que outros países em desenvolvimento, como as Filipinas, o México e a Indonésia, estão em uma situação de dívida crônica semelhante à do Brasil. No entanto, a vulnerabilidade da economia brasileira é proporcional à sua dependência em relação ao mercado internacional, ainda mais marcada que a dos países citados acima. Além do petróleo, que representou 23% das importações em 1974, são as máquinas-ferramentas e os minerais não ferrosos que monopolizam a maior parte (46% em 1974) das compras brasileiras no exterior. Entretanto, o governo havia estabelecido um plano de investimento destinado a aumentar a capacidade nacional de produção nos dois últimos setores. O recente agravamento da situação econômica obrigou-o, porém, a diminuir em 40% os investimentos públicos planejados para 1977, reduzindo ao mesmo tempo os instrumentos que pretendia adquirir para combater a dependência externa. Após anos de imprevisibilidade e desperdício, o governo brasileiro agora se comporta como uma dona de casa que, para se aquecer no inverno, queimaria as portas e as janelas na lareira.

A fisionomia da dívida

Os bancos ocidentais que operam no mercado do eurodólar agora estão buscando mais garantias para as operações no Brasil, que monopolizou sozinho 26% dos empréstimos concedidos em 1975 a 51 países do Terceiro Mundo.[2] Numa iniciativa sem precedentes, em dezembro de 1975 os bancos comerciais se juntaram ao Banco Mundial a fim de obter uma garantia adicional para um empréstimo de 150 milhões de dólares concedido ao país. Além disso, não se exclui que, seguindo o exemplo recente do Zaire, o governo brasileiro solicite em breve uma reunião a seus credores para realizar uma renegociação da dívida externa.

A esse respeito, a mudança fundamental ocorrida nos últimos anos na composição do endividamento externo de alguns países em desenvolvimento como o Brasil e o México gera consequências políticas. Os empréstimos concedidos a esses países eram tradicionalmente fornecidos pelo Banco Mundial, pelo Fundo Monetário Internacional (FMI), bancos de desenvolvimento regional e outras instituições de crédito gerenciadas por organismos internacionais. No entanto, desde o início da década de 1970, os bancos privados começaram a desenvolver suas operações de concessão de empréstimos, tendência que pode ter se intensificado desde 1973, com o afluxo de depósitos de países produtores de petróleo nos grandes centros financeiros. Hoje, 43% da dívida externa do Brasil e 50% da dívida do México foram contraídas com bancos privados norte-americanos.[3]

Preocupado com essa evolução, o senador democrata Frank Church, presidente da subcomissão do Senado norte-americano sobre as multinacionais, observou que o Congresso poderia ser levado a conceder ajudas financeiras a certos países com o único objetivo de garantir a solvabilidade do sistema bancário norte-americano... As dificuldades causadas no final do século XIX no Barings Bank pela cessação dos pagamentos argentinos oferecem um precedente histórico que deveria exigir prudência. O Nobel de economia Wassily Leontief conta que ele próprio, quando era consultor econômico do governo chinês do Kuomintang, em 1928, sugeriu que fosse declarada moratória, já que de todo modo as estradas de ferro e as barragens construídas com a ajuda de empréstimos de bancos estrangeiros permaneceriam na China. Sem chegar a tanto, um governo brasileiro um pouco nacionalista poderia utilizar a própria insolvência contra a pressão de seus credores e garantir uma margem de manobra mais ampla para negociar o pagamento da dívida externa.

Para o atual governo de Brasília, a perspectiva de renegociar essa dívida não é sinal de sucesso. Mas dá para imaginar a arma temível que a ameaça de bancarrota ofereceria aos líderes guiados por outras orientações políticas.

Desde já, o montante de empréstimos e investimentos ocidentais atingiu o limiar a partir do qual a viabilidade política do regime é questionada. Assim, os meios financeiros internacionais pesarão cuidadosamente as contas da nação e os meios de que o governo de Brasília dispõe para garantir a própria continuidade. Daí a atenção com a qual as eleições municipais de 15 de novembro, que normalmente atraem pouca atenção fora do Brasil, foram seguidas no exterior. Na sequência da crise econômica, os analistas ocidentais constatam que o sistema político estabelecido depois de 1964 apresenta contradições perigosas.

Um sistema eleitoral sob medida

Deixando seus ouvintes pasmos, um acadêmico brasileiro próximo ao governo afirmou recentemente em Oxford que "o regime brasileiro não poderia ser democratizado, porque perderia sua legitimidade".

A fórmula reflete bem a confusão ideológica na qual os círculos oficiais de Brasília se enredam, mas ao mesmo tempo resume perfeitamente a natureza híbrida do atual sistema político.

Após o fracasso de duas primeiras tentativas, em 1954 e em 1961, a hierarquia militar se associou à direita tradicional para investir de novo contra o poder central em 1964. Precedido por manifestações da classe média nas grandes cidades, segundo um método que seria usado novamente no Chile em 1973, o golpe de Estado de abril de 1964 resultou de um compromisso entre a direita civil e os militares. Esse pacto foi materializado pelo sistema eleitoral implantado desde aquela época no Brasil.

Após os expurgos que afastaram do Congresso e da vida política centenas de líderes progressistas, bem como moderados como o ex-presidente Juscelino Kubitschek, os partidos políticos tradicionais foram dissolvidos e um bipartidarismo foi estabelecido. Diante da Aliança Renovadora Nacional (Arena), o partido do governo, o Movimento Democrático Brasileiro (MDB) se tornaria o veículo de expressão da oposição tolerada pelo regime. Ao mesmo tempo, tomaram-se medidas para limitar a intervenção do eleitorado popular na vida política, com a supressão das eleições diretas para a Presidência da República, para os governos dos estados e para centenas de prefeituras. Cabe ao Congresso e às Assembleias estaduais nomear, respectivamente, o presidente da República e o governador de cada estado — simples formalidade nesses recintos restritos do poder, por consistir na mera aprovação dos candidatos do governo. Por sua vez, os prefeitos de certas cidades consideradas "estratégicas" passaram a ser indicados pelo governo central. Desde então, o voto direto só pode ser exercido para eleger membros do Congresso e das Assembleias e prefeitos de municípios não "estratégicos".

No entendimento dos militares e juristas de direita, esse sistema eleitoral criaria uma democracia de fachada, na qual um partido oficial, a Arena, permitiria a institucionalização progressiva do poder diante de uma oposição controlada e firmemente afastada dos verdadeiros centros de decisão. Na medida em que os favores da administração só podiam ser obtidos através dos representantes locais e regionais da Arena, o partido oficial parecia ter uma grande clientela eleitoral, embora sua influência política fosse mais reduzida. A nova legislação eleitoral poderia, assim, salvar a ilusão do pluralismo, reconhecendo a existência de dois partidos muito distintos que, além disso, dificultavam a possibilidade de alianças locais em benefício de candidatos adversários do regime.

Mas nos últimos anos essa construção supostamente eficaz produziu resultados exatamente opostos aos esperados pelos militares. Três séries de fenômenos explicam essa reversão da situação. Primeiramente, para que a Arena desempenhasse o papel de intermediária entre a administração e a população, seria necessário que as tarefas a ela atribuídas fossem claramente definidas pelo governo e aceitas por toda a burocracia civil e militar. Mas não foi isso que aconteceu.

O crescente autoritarismo, em especial sob a Presidência de Emílio Garrastazu Médici, permitiu que a hierarquia militar e os tecnocratas tomassem diretamente as esferas do poder estatal, em detrimento dos organismos (Congresso, Assembleias) que teoricamente institucionalizariam o regime. Em geral afastados da administração pública, os membros eleitos da Arena não puderam se afirmar como distribuidores dos favores do Estado. A implantação nacional do partido do governo foi afetada por essa evolução. Além disso, a recessão econômica, cujos efeitos começaram a aparecer a partir de 1974, dificultou a realização de projetos espetaculares e de prestígio, dos quais o regime pretendia tirar vantagem.

Um elemento adicional, específico à sociologia eleitoral brasileira, no qual o populismo tem suas raízes, completou os embaraços do mecanismo político criado pelos militares: as massas desfavorecidas exercem tamanha pressão na base da pirâmide social que a oposição, na medida em que oferece uma possibilidade de contestação — ainda que populista — ao sistema social e econômico vigente, tem garantia de vitória nas eleições.[4]

Em 1974, quando o general Ernesto Geisel assumiu a Presidência, reiniciou-se a política de institucionalização do regime. Após a nomeação, o novo presidente apelou à "imaginação criativa dos políticos". No entanto, foi preciso encarar os fatos: a Arena não era mais uma ferramenta eficaz para realizar os grandes objetivos do regime. Para a surpresa de todos, as eleições legislativas de 1974 deram vantagem ao MDB, que obteve 61% dos votos. Desde então, a mecânica eleitoral se voltou contra aqueles que pretendiam tirar proveito dela.

O bipartidarismo contra o regime

Todas as disposições instituídas para facilitar o desenvolvimento da Arena agora favorecem o MDB. A cláusula de fidelidade partidária impede que a bancada do MDB ceda às manobras governamentais. O bipartidarismo dá ao MDB as características de um agrupamento das oposições, facilitando a organização de uma frente unificadora das várias facções da opinião democrática e progressista.

Os estudos sobre os resultados das eleições de 1974 também ajudaram a dissipar algumas dúvidas que pesavam, não apenas nos setores de direita, sobre a realidade do voto popular no Brasil. O exame estatístico do voto popular nas grandes cidades mostrou, de fato, que esse eleitorado havia percebido muito claramente os desafios políticos das eleições legislativas. As camadas populares, que até então haviam marcado oposição ao regime por meio de votos em branco ou nulos (o voto no Brasil é obrigatório), mudaram de atitude e passaram a votar no partido da oposição.[5] Foram assim desmentidas algumas ideias, muito difundidas na classe dominante, sustentando que os partidos políticos fossem formas institucionais inadequadas à realidade brasileira. Ao mesmo tempo, certos setores da oposição, que alimentavam seu ativismo fundamentados em uma concepção elitista baseada no "atraso cultural" das massas, tiveram que reconsiderar suas análises.

O MDB provou, portanto, que era capaz de representar uma oposição ao regime. Seria ele capaz de aglutinar efetivamente as forças sociais que o apoiavam? Os líderes do partido foram os primeiros a se surpreender com a dimensão de seu sucesso eleitoral em 1974. Eles estavam, de fato, muito pessimistas. Ao criar o MDB em 1965, as lideranças políticas que assumiram a direção do partido sabiam que a iniciativa era recebida com ceticismo. Em 1966, para protestar contra a "eleição" do general Artur da Costa e Silva para a Presidência, eles chegaram a aventar a autodissolução do partido. O renascimento do MDB em 1974 causou, portanto, uma verdadeira mutação no cerne dessa formação política. Tratava-se, obviamente, de um movimento mais profundo por parte do eleitorado, que mudou a política brasileira. Mas como implantar uma oposição nacional ao regime sem atrair sua ira?

"A revolução de 1964 começou para manter e aperfeiçoar o regime democrático no Brasil": essa é a interpretação do MDB sobre o golpe de Estado que levou os militares ao poder.[6] A frase resume as ambiguidades entre as forças sociais que colaboraram na derrubada do governo de João Goulart, além de mostrar a habilidade política da oposição parlamentar.

Alguns comentaristas observam que os períodos de legalidade constitucional têm sido relativamente curtos no Brasil contemporâneo e que, além disso, o exercício do voto universal tem sido muitas vezes marcado por irregularidades que atrapalham seu enraizamento. Mas a realidade é mais complexa. Antes de tudo, deve-se notar que a ausência de uma tradição democrática não exclui uma tradição e uma prática parlamentar que talvez estejam entre as mais vivas da América Latina. Ao contrário do que acontece nos países europeus, e mais próximo da vida política americana, o Congresso Nacional, ativo desde o início do século XIX, é o lugar do enfrentamento entre as oligarquias regionais, bem mais que as classes sociais. No interior do país, as diversidades regionais sempre apresentaram aos partidos políticos problemas de organização "horizontal" tão consideráveis quanto os da organização "vertical", ligados, por sua vez, à definição de objetivos comuns aos diferentes grupos sociais. Assim, no exato momento em que o mecanismo de cooptação das elites na classe dominante é bloqueado pela diversidade de interesses setoriais gerados pela crise econômica, não se deve subestimar a habilidade tática dos políticos tradicionais que dirigem o MDB. Atualmente, existem condições objetivas que favorecem a mobilização do eleitorado popular por um partido político endurecido pelos rigores do ostracismo do poder e servido por autoridades eleitas com ampla experiência parlamentar. O surgimento de um novo Partido Trabalhista, que, à diferença do Partido Trabalhista Brasileiro (PTB) de Getúlio Vargas e João Goulart, nasceria e cresceria na oposição ao governo, constituiria um evento político de considerável importância no Brasil. Será que o MDB é capaz de provocar essa mudança política? As eleições municipais de 15 de novembro forneceram algumas respostas.

Antes de tudo, deve-se lembrar que as pressões do governo impediram o MDB de organizar diretórios municipais em um terço das cidades afetadas pelas eleições. Em um quarto dessas mesmas cidades, o representante da Arena era o único candidato. Além disso, algumas cidades industriais importantes, com grande maioria de eleitores operários que haviam optado pelo MDB em 1974, agora eram consideradas "estratégicas" e, como tal, excluídas das eleições, sendo seu prefeito diretamente indicado pelo governo. A Arena foi assim assegurada desde o início de um forte avanço e do controle de um número significativo de prefeituras. No entanto, após seu fracasso nas eleições legislativas de 1974, em grande parte atribuído à influência que a mídia de comunicação de massa exerceu sobre o eleitorado rural (agora sujeito ao controle de proprietários e autoridades), o governo proibiu a propaganda por rádio e televisão. Tais fatores enfraquecem singularmente o alcance do sucesso obtido pela Arena com uma maioria de 54% dos votos.

Majoritário nas grandes cidades, o MDB viu sua influência se estabilizar no eleitorado rural e nas pequenas cidades. Sem dúvida, os desafios dessas eleições limitaram os efeitos dinâmicos que o bipartidarismo imprimia sobre a oposição representada pelo MDB. Em muitas cidades, os candidatos da oposição e do governo travaram uma campanha que dificilmente distinguia uma do outro (saquaremas e luzias, entre outras falsas oposições).

Além disso, a descaracterização parcial do perfil oposicionista do MDB explica o ressurgimento do voto nulo em certas regiões. A propósito, é significativo que a maioria dos 240 mil votos nulos, ou 12% dos votos registrados no estado do Rio de Janeiro, tivessem a menção "feijão preto", em alusão à escassez desse alimento básico, que estava na origem dos protestos violentos nos últimos tempos.

Esse descontentamento parcial do eleitorado mostra, em todo caso, que o movimento de adesão popular ao MDB pode não ser duradouro. Na ausência de uma estrutura regional eficaz, a implantação do partido foi difícil em certas partes do país. No entanto, o grande problema decorre dos limites que as autoridades militares impuseram à ação do MDB. A situação da "liberalização condicional" em que o país vive retarda o movimento de renovação do MDB, que se torna necessário após sua vitória em 1974. Sua máquina está em grande parte nas mãos de políticos que praticaram uma oposição jurídica formal, e não propriamente política, ao regime. Numerosas adesões novas recolhidas pelo partido são explicadas por rivalidades regionais sem muita relação com as políticas progressistas de seu programa. Quando a repressão do governo caiu sobre alguns dos eleitos do partido, cassando-lhes o mandato parlamentar, o partido reagiu de forma relativamente moderada.

Existe, portanto, uma dicotomia real entre a máquina do MDB e a vitalidade de seu eleitorado. No entanto, a prudência de seus líderes oferece poucas garantias ao regime. Os perigos potenciais representados por essa oposição são multiplicados pela dinâmica que ela provocou em todos os níveis da sociedade civil. A distensão introduzida no clima político pelo avanço do MDB em 1974 levou juízes, médicos e altos funcionários de várias partes do país a abandonar a prudência imposta pela repressão para denunciar as torturas, a corrupção dos funcionários públicos e todos os abusos que atormentam o organismo social brasileiro.

Isso explica por que os militares estão mais uma vez pensando em modificar o sistema eleitoral, eliminando a bomba-relógio que o MDB poderia constituir se continuasse a avançar nas próximas eleições nacionais. A criação de três ou quatro novos partidos poderia superar os riscos da situação atual. Um partido central, formado por elementos dos antigos partidos conservadores, o Partido Social Democrático (PSD) e a União Democrática Nacional (UDN), forneceria a base de apoio ao governo de Geisel. À sua esquerda estariam isolados, em uma formação que seria alvo da repressão, os elementos progressistas do antigo PTB e do atual MDB. Ao mesmo tempo, servindo como espantalho para a opinião democrática, a direita dura constituiria um partido agrupando partidários do ex--presidente Emílio Garrastazu Médici e elementos fascistoides que lutam atualmente contra a "liberalização" do regime.

Assim como o plano elaborado pela ditadura em 1965, esse esquema é teoricamente viável. Resta saber se o movimento popular não impedirá mais uma vez os cálculos dos que periodicamente lhe confiscam o destino.

ENDURECIMENTO INTERNO,
TENSÃO COM OS ESTADOS UNIDOS

As dificuldades do regime militar brasileiro

MAIO DE 1977

Após treze anos, dia após dia, depois do golpe de Estado que, segundo seu responsável, o marechal Humberto de Alencar Castello Branco, deveria "restaurar a democracia e libertá-la de quantas fraudes e distorções a tornavam irreconhecível", o governo militar brasileiro promulgou o Ato Complementar n. 102, que suspende provisoriamente o Congresso e confere plenos poderes ao presidente da República. Com essas prerrogativas, o general Ernesto Geisel, cuja ascensão à cabeça do Estado fora apresentada como o anúncio de uma "liberalização do regime", imediatamente tomou uma série de medidas — o "Pacote de Abril" — que estabelecem uma das mais extravagantes construções eleitorais na história constitucional do Brasil.[1]

Tal como as reformas eleitorais anteriores introduzidas pelos militares, essas medidas visam fechar mais as lacunas pelas quais, nas eleições recentes, representantes eleitos pelo voto popular e democrático conseguiram entrar no sistema de poder. Por que o regime não aboliu inteiramente as eleições? Na realidade, a ausência de consenso nas classes dominantes impede, por enquanto, uma solução tão radical e requer a manutenção de uma fachada constitucional. O regime pode assim prolongar o equilíbrio perverso que, por um lado, diante das pressões fascistoides de diversos grupos, transforma-o num mal menor para os setores democráticos e, por outro lado, mantém um mínimo de comunicação entre o "país real" e a burocracia militar no poder. Essa crise não eclodiu, decerto, em um céu sereno. Desde que as eleições municipais de dezembro de 1976 confirmaram a implantação e a ampliação da base do partido da oposição, o MDB, setores radicais exigiam medidas duras para impedir que a oposição continuasse avançando nas próximas eleições. A partir desse momento, foi elaborado um plano para modificar o sistema eleitoral. Sua entrada em vigor foi precipitada por dois novos elementos: a revolta do patronato contra a política econômica do governo e o contencioso diplomático com os Estados Unidos a respeito dos direitos humanos e da compra de centrais nucleares na Alemanha Ocidental.

Para gerir uma dívida externa que atinge 30 bilhões de dólares, o governo brasileiro deve preservar seu acesso aos mercados financeiros ocidentais. Nessa perspectiva, foi forçado a estabelecer um programa para reduzir a inflação e corrigir o desequilíbrio na balança comercial. Essa política inevitavelmente criou divergências entre as classes dominantes. Ficava evidente que os problemas econômicos não podiam mais ser resolvidos pelos métodos que costumavam receber aprovação unânime dos patrões: arrocho salarial e concentração da renda. Iniciava-se um novo ciclo de concentração, em benefício do setor nacionalizado e das empresas estrangeiras, à custa das pequenas e médias empresas brasileiras.

É nesse contexto que se inscrevem as sucessivas tomadas de posição do empresariado de São Paulo em favor da "liberalização" do regime. Conforme uma pesquisa recente, os sentimentos liberais das classes dominantes permanecem muito tímidos: imaginam uma forma de "democracia sem o povo", na qual as elites teriam maior liberdade de expressão e ação, enquanto um governo forte manteria os trabalhadores sob controle.[2] Quando Severo Gomes, ministro da Indústria, conhecido por suas posições em defesa dos empresários brasileiros, acentuou no início do ano suas críticas à política econômica do regime e foi, por essa razão, afastado do cargo, parecia que uma nova situação havia sido criada no centro do poder: agora, em Brasília, valeria a pena inclinar-se à esquerda?

Paradoxalmente, foi a pressão norte-americana que deu ao governo militar uma nova margem de manobra. Na verdade, o veto imposto por Washington aos acordos firmados entre Bonn e Brasília visando à construção de usinas para reprocessamento de plutônio foi recebido pelos brasileiros como um novo episódio na longa história das restrições impostas pelos Estados Unidos à política energética nacional desde a Segunda Guerra Mundial. Assim, foi contra a pressão de Washington que Getúlio Vargas, apoiado pelo movimento nacionalista, criou a Petrobras, que deu ao Estado o monopólio da exploração de petróleo.

Posteriormente, considerando insuficientes as reservas nacionais de petróleo e carvão, o governo brasileiro se interessou pelo desenvolvimento das pesquisas nucleares. Em 1954, um verdadeiro ultimato de Washington já fizera capotar o plano brasileiro de comprar usinas nucleares da República Federal da Alemanha (RFA). Naquela época, o contrato de compra foi rompido quando o Banco do Brasil já havia transferido uma primeira parcela para o Deutsch-Südamerikanische Bank. Decerto, a oposição brasileira critica o acordo nuclear com a RFA por conta do sigilo das negociações, do tratamento dispensado aos cientistas brasileiros e de cláusulas aceitas pelo governo militar que são consideradas prejudiciais ao interesse nacional. No entanto, existe no país um consenso sobre o direito soberano da nação em resolver essa questão sem a interferência de uma potência.

Esses dados permanentes do problema não são modificados em nada pelo fato de que o presidente Geisel, que posa de porta-voz dessa aspiração nacional, seja o responsável pela recente ruptura do monopólio da Petrobras.

Difícil negociação de empréstimos

Intervindo algumas semanas após a publicação dos documentos da biblioteca Lyndon Johnson que comprovam o envolvimento de Washington no golpe de 1964, as injunções norte-americanas no que diz respeito aos direitos humanos no Brasil não derrubaram o muro de desconfiança que cerca as intervenções dos Estados Unidos na política brasileira. O governo militar, no entanto, usou esse pretexto para denunciar o acordo de assistência militar celebrado entre o Brasil e os EUA em 1952. Foi uma boa oportunidade de revidar os ataques e as críticas de Washington sem correr muitos riscos. O desenvolvimento da indústria brasileira de armamentos e a diversificação do fornecimento de material militar ao país praticamente anularam as vantagens que esse acordo poderia apresentar aos generais no poder. Os Estados Unidos, por sua vez, não procuraram dramatizar o evento, e o Exército brasileiro permaneceu firmemente ancorado ao sistema de defesa norte-americano pelo Tratado Interamericano de Assistência Recíproca (TIAR), assinado em 1947 e ainda em vigor. Por todas essas razões, as pressões dos EUA produziram no Brasil apenas um efeito difuso, eclipsando as divisões políticas sem de fato atingir seu objetivo.

O governo militar, no entanto, sentiu o perigo que necessariamente resultaria de uma convergência entre as pressões internas do MDB e as advertências do presidente Jimmy Carter. Desse modo, era aconselhável resolver o problema o mais rápido possível, com uma investida contra a oposição interna. O governo sentiu-se fortalecido em suas intenções por um documento conhecido como "Manifesto dos banqueiros",[3] que a imprensa brasileira publicou em resposta às declarações do empresariado em favor da "liberalização" do regime. O signatário desse "manifesto" foi o presidente brasileiro do conselho consultivo do Banco Lar Brasileiro, instituição controlada pelo Chase Manhattan Bank. Com base em uma análise minuciosa das eleições de dezembro de 1976, esse documento apontou que o governo havia perdido as eleições e que as perderia novamente se as regras do jogo não fossem alteradas, acrescentando que seria tarde demais para recuperar o controle da situação, porque parte do Exército poderia muito bem ajudar a oposição vitoriosa. Mais do que ninguém, o setor bancário se beneficiou do regime autoritário estabelecido em 1964. Investindo nos últimos anos alternadamente em agricultura, bolsa de valores, imóveis e mercado financeiro, os bancos brasileiros e as filiais de bancos estrangeiros obtiveram lucros enormes. Daí sua posição em favor do endurecimento de um regime já bastante severo.

A sequência é conhecida. Após a "reforma eleitoral", o governo militar planeja tornar ainda mais rigorosas a Lei de Imprensa e a Lei de Segurança Nacional. Mas foi no plano externo que se desenrolaram os outros estágios dessa crise política, cujo resultado é exemplar, pois ilustra os limites da política que o presidente Carter gostaria de desenvolver em defesa dos direitos humanos na América Latina.

Quando o Congresso acabava de ser fechado em Brasília, no contexto do "Pacote de Abril", Mário Henrique Simonsen, ministro da Fazenda, foi a Nova York para uma nova rodada de negociações de pedidos de empréstimo de que o país precisava com as instituições internacionais. Por meio de correspondentes nos Estados Unidos, a imprensa do Rio e de São Paulo transmite à opinião brasileira as informações que o ministro fornece aos jornalistas norte-americanos. Segundo ele, em pouco tempo o Congresso poderia ser autorizado a reabrir suas portas, a situação econômica seria boa e, se a taxa de inflação não havia caído desde o ano anterior, a culpa era dos agricultores brasileiros, responsáveis pela "inflação do chuchu". Mas o ministro tinha outras preocupações. O Congresso dos Estados Unidos acabara de aprovar a emenda Badillo, que proibia Washington de emprestar dinheiro dos contribuintes aos programas de agências internacionais dirigidos a países que violavam os direitos humanos. No dia seguinte, as preocupações do ministro se dissiparam: a emenda Reuss alterava a lei votada na véspera e previa que nada seria feito contra os projetos de "interesse social" financiados nos países em questão pelo Banco Mundial. No entanto, as tribulações do ministro não haviam terminado. Na verdade, o Banco Mundial e o FMI permaneceram circunspectos quanto ao desempenho recente da economia brasileira e pretendiam controlá-la mais de perto antes de liberar os créditos. Simonsen voltou a Brasília parcialmente tranquilizado. Se os empréstimos internacionais de que o Brasil precisava fossem adiados, os motivos não estariam ligados às violações de direitos humanos nas prisões brasileiras, e sim ao aumento de preço dos legumes nos mercados do Rio e de São Paulo.

BRASIL: NOVOS DOCUMENTOS SOBRE
A INTERVENÇÃO DOS ESTADOS UNIDOS

As divergências entre Washington e o regime militar

MAIO DE 1978

A visita do presidente Jimmy Carter ao Brasil no fim de março deste ano não conseguiu ocultar suas divergências com o bloco militar e burocrático que detém o poder, sobretudo quando documentos oficiais desse período decisivo esclareceram de forma parcial alguns aspectos da participação dos Estados Unidos no golpe de Estado de 1964.[1] Esses documentos mostram que os golpistas civis e militares hesitaram por um longo período antes de agir. Decerto, sinais sem precedentes poderiam preocupá-los: uma mobilização camponesa, tentativas de unificar o movimento sindical, um protesto contra a hierarquia nas fileiras do Exército. Porém, por serem relativamente desorganizadas, essas iniciativas não eram suficientes para criar uma situação revolucionária.

No entanto, de acordo com os registros agora divulgados, a CIA informava que desde 1962 empresários de São Paulo conspiravam contra o governo de João Goulart — eram círculos tradicionalmente hostis às políticas dos governos trabalhistas, e o principal alvo era o movimento sindical. Apenas alguns meses depois surgiram os primeiros relatórios sobre uma conspiração militar propriamente dita, cujos objetivos eram nacionais e internacionais, pois se tratava de "trazer a política externa brasileira de volta à sua orientação pró-ocidental".

Os militares então apresentaram seu projeto com o objetivo de impedir uma possível tentativa inconstitucional do presidente Goulart, mas o que lhes faltou então foi o apoio indispensável da direita civil — apoio que, no entanto, em breve lhes seria fornecido.

Contudo, apesar dos golpes violentos que recebeu na base, o regime constitucional ainda tinha resiliência, e a Carta de 1946 era suficientemente flexível para permitir que a crise fosse resolvida de forma legal. Era o que pensavam os políticos conservadores, os quais, até o final de 1963, afirmaram a Lincoln Gordon, embaixador dos Estados Unidos em Brasília, que o presidente Goulart poderia ser afastado do governo por uma votação regular no Congresso, conforme a legislação sobre o impeachment. Por um lado, o movimento nacionalista e popular sofria por conta de suas divisões; por outro lado, a direita tinha líderes fortes capazes de mobilizar uma boa parte do eleitorado.

Disputando contra Carlos Lacerda, candidato da direita, o ex-presidente Juscelino Kubitschek estava no auge da popularidade e esperava vencer as eleições de 1965, graças aos votos da esquerda, que não tinha um presidenciável de estatura nacional. Mas Lacerda e JK aderiram tardiamente a um golpe militar que pensavam ser destinado apenas a restabelecer o jogo tradicional de conciliação entre as elites políticas. Os dois líderes logo percebem que se iludiram, pois, tal como os líderes de esquerda atingidos desde 1964, ambos tiveram, por sua vez, os direitos políticos cassados.

As mudanças ocorridas na diplomacia norte-americana da época pesaram bastante nos eventos no Brasil. Inicialmente, em resposta ao desafio lançado pela Revolução Cubana (1959), o governo de John Kennedy favoreceu, a partir de 1961, uma política reformista na América Latina (a Aliança para o Progresso) que parece ter adiado por dois anos o golpe de Estado no Brasil. Os documentos indicam que a intervenção da Casa Branca foi responsável pelo recuo dos generais brasileiros que pretendiam tomar o poder imediatamente após a renúncia do presidente Jânio Quadros, em 1961. Entretanto, a partir de então, o Brasil passou a ser incluído entre os países que podiam se tornar um caso de conflito internacional, sendo especificamente mencionado em um estudo da CIA dedicado a um "exame de situações de crise na Guerra Fria". Após a crise dos mísseis em

Cuba (1962), o Pentágono e o Departamento de Estado examinaram detalhadamente a política de alianças dos Estados Unidos: tratava--se de reavaliar o peso e a influência dos aliados em cada país latino--americano. A partir de então, o papel político das Forças Armadas na região será privilegiado, em detrimento da legalidade constitucional.

Rumo à operação Brother Sam

Essa virada da diplomacia norte-americana pegou completamente desprevenidos os políticos no poder em Brasília. No final de 1963, o presidente Goulart ainda tentou tranquilizar o embaixador dos Estados Unidos, que observou em um despacho enviado a Washington: "Ele [Goulart] diz que o governo norte-americano deveria estar convencido de que [ele] não é comunista e de que não pretende entregar o país aos comunistas; o governo norte-americano deve confiar nele, porque ele conduzirá bem as manobras políticas complexas que são uma especialidade brasileira na qual ele mostrou ser mestre". Infelizmente para Goulart e para o regime constitucional, nem a direita brasileira nem os Estados Unidos confiavam mais nesse tipo de "especialista".

O novo rumo da política dos EUA levou a um declínio da Aliança para o Progresso, enquanto as análises elaboradas pelo Pentágono e pela CIA eram privilegiadas. Para acelerar essa mutação, o embaixador Lincoln Gordon desempenhou papel determinante, apoiando através de seus despachos as interpretações fornecidas pelo Pentágono e pela CIA, que viam o presidente Goulart como um instrumento dos comunistas. Tanto que o Departamento de Estado, para incentivar Lincoln Gordon a nuançar suas análises, enviou-lhe, em agosto de 1963, um memorando assinado pelo próprio subsecretário de Estado, George Ball. Comentando a política de Goulart, o memorando constitui uma verdadeira peça de antologia:

> O talento para a demagogia, combinado ao fato de Goulart a empregar, não seria ruim por si só, se resultasse em reformas efetivas. A demagogia não está necessariamente ligada às táticas comunistas e

não constitui uma dessas características distintivas; sua prática não é um presságio inevitável da tomada do poder pelos comunistas. Poucos líderes chegaram ao topo sem algum talento nessa área. Essa foi uma das acusações feitas pelos comunistas contra Franklin Roosevelt. Duvido, no entanto, que, se ele não tivesse esse talento, ele pudesse ter conseguido aprovar metade das reformas necessárias pelas quais nós hoje lhe somos gratos. As mudanças sociais, também necessárias hoje no Brasil, provavelmente dependerão de um ímpeto semelhante.

Irritado, o embaixador Gordon respondeu: "Não vejo nenhum conteúdo real na propaganda reformista de Goulart, e seus esforços para seguir os passos de Kennedy [Aliança para o Progresso] são apenas uma busca por slogans".

A retórica populista dos políticos brasileiros foi, assim, decifrada de duas maneiras diferentes: por um lado, as ameaças feitas contra os interesses norte-americanos foram tomadas ao pé da letra; por outro, as iniciativas reformistas do governo foram ridicularizadas. Por exemplo, vários despachos do Departamento de Estado revelam grande compreensão sobre uma reforma agrária no Brasil, mas Lincoln Gordon não fala sobre isso com os interlocutores brasileiros, porque as diferentes correntes de golpe se uniam, precisamente, em uma hostilidade comum à reforma agrária.

O fato é que a parte principal da intervenção dos EUA ocorreu na esfera militar, com a ação do coronel Vernon Walters,[2] cujos relatórios enviados a Washington permanecem secretos, em sua quase totalidade. Não se trata de acaso. De início, os Estados Unidos parecem ter considerado que os preparativos militares dos golpistas não eram muito confiáveis. Como testemunho, um despacho enviado pela Embaixada: "A conspiração atual é tipicamente brasileira, porque não é unificada e é enfraquecida pelo elevado número de candidatos ao posto de líder". Desse modo, foi provavelmente o coronel Walters quem agrupou as diferentes correntes sob a autoridade do general Castello Branco e o núcleo de oficiais com quem ele estava pessoalmente ligado desde a Segunda Guerra Mundial. Ainda sob sua orientação, foi preparada a operação Brother Sam, que teria, se necessário, fornecido aos conspiradores o apoio da força aeronaval norte-americana em abril de 1964. Se o golpe encontrasse uma resistência armada que corresse risco de degenerar em guerra civil, a operação Brother Sam teria iniciado uma intervenção armada direta, sob a cobertura da Organização dos Estados Americanos (OEA). Esse esquema foi efetivamente aplicado em 1965, durante o desembarque dos EUA na República Dominicana.

Depois de apoiar incondicionalmente o regime militar por catorze anos, a política norte-americana em relação ao Brasil está evoluindo mais uma vez, com as diferenças entre os dois países polarizadas em torno de dois problemas: a violação dos direitos humanos e a construção de usinas de reprocessamento de urânio. Desde a visita do presidente Carter a Teerã e seus elogios ao xá Reza Pahlavi, sabe-se que os Estados Unidos podem ser conciliadores quanto ao primeiro ponto. Isso não vale para o segundo.

Nicolau Maquiavel observou que a intervenção de uma potência em favor de seus aliados em outro país comporta desvantagens: ela "faz inimigos entre os que ofendeu invadindo suas terras, e [...] não conserva a amizade e a fidelidade dos [aliados] que facilitaram sua invasão, porque não pode recompensá-los tanto quanto eles esperam, nem tomar medidas fortes contra eles, pois depende [da aliança] deles". Washington não pode dar aos militares brasileiros a "recompensa" nuclear com a qual estavam contando, porque isso perturbaria o equilíbrio estratégico entre as nações do hemisfério Sul. Como resultado, não há mais unanimidade entre os militares no poder em Brasília quanto ao apoio incondicional aos Estados Unidos.

As usinas nucleares

Os militares brasileiros poderiam assim acabar como a ditadura militar grega, que, numa desastrada manobra em Chipre em julho de 1974, perturbou o equilíbrio no Mediterrâneo oriental e foi obrigada a ceder o poder a líderes civis exilados que voltaram a Atenas com a bênção de Washington? Não há como comparar as duas situações, uma vez que o regime militar criou uma situação política e econômica completamente nova no Brasil.

De fato, o setor estatal cresceu consideravelmente a ponto de 60% do investimento hoje ser garantido pelo Estado. O enorme aparato administrativo e econômico controlado pelo Estado está em simbiose com um setor da hierarquia militar que controla o serviço de inteligência. Sem conseguir elaborar uma verdadeira ideologia, os militares desenvolveram um Serviço Nacional de Informação (SNI) que, ao coordenar o recrutamento, as promoções e as transferências dos funcionários públicos, supervisiona com muita eficácia a administração. Na realidade, o SNI é a única fonte de "legitimidade" dos altos funcionários e tecnocratas, que não prestam contas a nenhum poder constituído. Graças ao SNI, o sistema adquiriu um instrumento formidável de autorreprodução. O tamanho do setor público na economia brasileira e seu controle pelo SNI definem uma estrutura estatal muito mais rigorosa do que aquela que os coronéis gregos tinham antes de Konstantin Karamanlis voltar ao poder.

A prova foi fornecida quando o general Sylvio Frota, afastado da corrida pela sucessão do general Ernesto Geisel para a Presidência da República, foi demitido de suas funções como ministro das Forças Armadas. Forçado a mostrar suas cartas, o general Frota chamou a atenção do público para dois documentos ricos em informações:

O primeiro, uma acusação contra a política do general Geisel, é um texto descosturado, com objetivos às vezes contraditórios e, de qualquer forma, inadequados para o sistema capitalista brasileiro. Sua divulgação revelou que o autor do documento não estava articulado com as classes dominantes.

O segundo expôs que o general Frota não tinha controle sobre o SNI, a espinha dorsal do regime. Alegando que o governo havia sido infiltrado por comunistas, ele citou o nome de cem funcionários, fornecendo "provas" que permitiriam que tais funcionários fossem processados por "subversão". Mas todas essas alegadas provas visavam apenas funcionários secundários ou se referiam a casos já conhecidos.

Essa pequena crise jogou luz sobre o conflito entre a hierarquia militar tradicional e a nova burocracia militar, solidamente apoiada pelo setor econômico estatal e pelo SNI, representada pelo general João Baptista Figueiredo, então diretor da instituição, sucessor recentemente nomeado do general Geisel.

Se é verdade que os Estados Unidos mantinham, desde a época do general Vernon Walters, boas relações com a hierarquia militar tradicional, eles têm agora pouca influência sobre essa nova força constituída dentro do regime. O espaço de manobra de Washington é bem mais reduzido do que em 1964. A nova estrutura de poder também escapa aos cálculos de políticos da direita tradicional, como José de Magalhães Pinto, que reivindica o retorno ao poder civil e tenta manter sua candidatura à Presidência da República.[3]

Nos últimos anos, a evolução dos eventos políticos no Brasil enganou muita gente. Os Estados Unidos, por sua vez, podem ter surpresas. Mas não o povo brasileiro. Excluído de todas as manobras que fixam seu destino, o brasileiro vê a história se repetir: na primeira vez em 1964, como uma tragédia; e nas outras vezes também.

DIREITOS HUMANOS
E A DIPLOMACIA

Os limites das intervenções de Washington na América Latina

DEZEMBRO DE 1978

A chegada do presidente Jimmy Carter à Casa Branca levantou muitas esperanças para a política de Washington na América Latina. Rompendo com as diretrizes do governo republicano, lançariam os democratas uma ação contínua em favor da "liberalização" política do subcontinente, dando nova vida ao grande projeto concebido por John Kennedy com a Aliança para o Progresso?

Depois de menos de dois anos de governo democrata, ainda é difícil fazer um balanço. Tornou-se comum observar que, em várias áreas da política externa, o governo Carter não parece ter uma linha claramente definida. Tal análise subestima as tensões introduzidas na diplomacia norte-americana pela nova situação institucional pós-Watergate, que se reflete sobretudo no fortalecimento das prerrogativas do Congresso. Eleito numa campanha parcialmente realizada fora do aparelho do Partido Democrata, o presidente Carter ainda não conseguiu harmonizar sua ação com as tendências dominantes no Congresso nem restaurar grande margem de iniciativa que tradicionalmente incumbia à Casa Branca. A política externa do atual governo sofre, assim, tanto da falta de uma estratégia clara como da inexistência de um *modus operandi* entre a Presidência e o Congresso.

Essa disfunção política leva a certa inércia, que explica a difícil coexistência de correntes antagônicas na comitiva presidencial e nos confrontos internos à burocracia.

No Departamento de Estado e no Conselho de Segurança Nacional existem "falcões" que responsabilizam o Congresso pela paralisia da política dos EUA na África[1] e "pombas" que atribuem a condescendência da Casa Branca em relação ao ditador nicaraguense Anastasio Somoza Debayle à existência de um "lobby somozista" no Congresso.[2] A menos que os desdobramentos dos Acordos de Camp David (setembro de 1978) abram perspectivas melhores para a ação do presidente Carter, esse impasse institucional continuará pesando sobre a Casa Branca, limitando as possibilidades de uma nova política presidencial em relação à América Latina.

Em princípio, parece fora de questão que o Congresso tome iniciativas dessa magnitude por conta própria. "Os problemas das nações latino-americanas não são tratados por nenhum setor do sistema eleitoral norte-americano e, portanto, não despertam nenhum interesse particular no Congresso", observa Roger Stone, membro do Council on Foreign Relations (CFR), de Nova York. No Departamento de Estado, um especialista em assuntos latino-americanos, confirmando esse julgamento, acrescenta um prognóstico ainda mais pessimista:

> Se a recessão econômica continuar, a presença de latino-americanos trabalhando ilegalmente nos Estados Unidos — entre 8 e 10 milhões de pessoas — não deixará de provocar reações hostis. A América Latina aparecerá aos olhos do público norte-americano como um conjunto caótico de povos em meio a uma explosão demográfica, e não como uma série de Estados responsáveis que os EUA devem tratar como parceiros plenos no nível internacional.

Quanto à Casa Branca, a memória de um passado recente exige cautela. A experiência das duas últimas décadas mostra que a implementação de uma política global para a América Latina pode ser prejudicial aos interesses dos Estados Unidos — tais são, pelo menos, as conclusões geralmente aceitas a propósito da Aliança para o Progresso, lançada no início dos anos 1960 em uma conjuntura diplomática e econômica muito particular. Estabeleceu-se um consenso em torno da necessidade de evitar uma nova Cuba. Ao mesmo tempo, um crescimento econômico robusto permitiu que os EUA liberassem recursos orçamentários significativos para canalizá-los a programas de assistência econômica à América Latina.[3] Apesar de tais condições favoráveis, ficou evidente que esse reformismo social e econômico poderia ter consequências inesperadas nas políticas internas dos vários países latino-americanos. Na verdade, alguns objetivos da Aliança para o Progresso — reforma agrária etc. — provocaram protestos dos aliados tradicionais dos Estados Unidos nesses países. Houve então uma intensificação nos conflitos sociais que, por sua vez, provocaram o renascimento de tendências autoritárias. Além disso, esse endurecimento político foi estimulado e reforçado pelas novas direções da diplomacia americana.

Os frutos amargos da dualidade doutrinária

O discurso pronunciado pelo presidente Lyndon Johnson em 1965 na Universidade Baylor, no Texas, marcou todo esse período: "No mundo de hoje, os inimigos da liberdade pregam guerras de libertação nacional e, portanto, a antiga distinção entre guerra civil e guerra internacional já perdeu muito de seu significado". Essa concepção imperial das relações internacionais foi seguida por uma posição vigorosa pela promoção de minorias desfavorecidas na sociedade norte-americana. "Com o forte apoio do Congresso, estamos travando uma guerra contra a pobreza em nosso país." Esse discurso permanecerá como uma das ilustrações mais surpreendentes da dualidade doutrinária que caracterizava a política americana, principalmente a do Partido Democrata. Em um testemunho recente no Congresso, Sargent Shriver, cunhado da família Kennedy e que foi diretor do "programa de guerra contra a pobreza" sob a Presidência de Johnson, chegou a conclusões amargas do resultado dessa dupla política. "A guerra contra a pobreza foi reduzida a escaramuças, enquanto a operação militar no Vietnã se transformou em guerra total."[4]

Os movimentos erráticos das duas últimas décadas agravaram as contingências que restringem a política externa do novo governo democrata. Considerações políticas gerais levaram o presidente Carter a buscar no cenário internacional um sucesso que construísse sua imagem de grande estadista. As circunstâncias desordenadas ou perigosas do desaparecimento de regimes autoritários na Grécia, em Portugal e na Espanha sugeriam que seria desejável "modernizar" certas ditaduras latino-americanas. Durante o primeiro ano da Presidência de Carter, estrategistas da Casa Branca esperavam criar uma dinâmica global em torno da política de direitos humanos, a qual pudesse não só confrontar a União Soviética no plano ideológico, mas também "liberalizar" a vida política na América Latina e dar novo impulso ao populismo que ajudou a levar Carter à Presidência.

As intervenções a favor dos direitos humanos abriram, sem dúvida, novas perspectivas conceituais à diplomacia dos EUA, mas logo ficou evidente que essa era uma arma delicada de manusear, tanto em relação à União das Repúblicas Socialistas Soviéticas (URSS) como em relação à América Latina. Quanto à URSS, os limites são delineados pela importância das negociações sobre armamentos estratégicos, como o acordo Salt (Strategic Arms Limitation Talks). Quanto à América Latina, o limiar de tolerância é definido pelas divergências que a política de direitos humanos suscita tanto nos Estados Unidos como nos regimes em vigor ao sul do rio Grande.

Desse modo, a política de Washington na América Central devia ter sido reexaminada ao longo dos debates sobre o novo tratado do canal do Panamá. Entretanto, as questões prioritárias são as relacionadas à segurança nacional, e a opinião pública norte-americana não estava muito sensibilizada pelo fato de Washington ter procurado, nas palavras do presidente Carter, "tratar leal e honestamente com uma pequena nação soberana".

Outros eventos mostrariam que o desenvolvimento interno dos países latino-americanos apresentou obstáculos para o Departamento de Estado em sua tentativa de criar "um consenso mais amplo sobre a nova política externa, a fim de oferecer mais substância e uma orientação mais clara à política de direitos humanos".[5]

Apesar das grandes diferenças nas situações em que se desenrolaram as eleições na América Latina em 1978,[6] alguns analistas rapidamente as atribuíram ao mérito da diplomacia da Casa Branca. De fato, Carter obtivera um resultado encorajador por meio de pressões para que se respeitasse o resultado das eleições presidenciais na República Dominicana, vencidas por Antonio Guzmán Fernández contra Joaquín Balaguer, no poder havia doze anos. No entanto, poucas semanas depois, o avanço da oposição nas eleições bolivianas levou o general Juan Pereda Asbún a dar um golpe de Estado, que não pôde ser evitado pelas intervenções de Washington. É verdade que, nos dois casos, as iniciativas norte-americanas não tiveram talvez a mesma intensidade, visto que Washington estava mais preocupado com a oposição na Bolívia, que parecia mais radical, do que com a da República Dominicana, onde se tratava de oposicionistas bastante moderados. Em geral, o ardor democrático da diplomacia dos EUA é inversamente proporcional aos riscos e às mudanças que estão em jogo.

No período mais recente, Washington tem sido bastante discreto na América Latina, concentrando esforços no processo de independência da Namíbia e nos esforços de paz no Oriente Médio, coroados pelos Acordos de Camp David, que deram grande destaque à diplomacia de Carter. Seja como for, apesar dos estudos e relatórios que circularam na alta administração e de iniciativas mais ou menos bem-sucedidas, o projeto de uma política global para a América Latina não parece ter sido seriamente considerado. Lembrando as evoluções ocorridas desde o fim da Segunda Guerra Mundial, o presidente Carter, em discurso na Organização dos Estados Americanos (OEA), em abril de 1977, chegou a esta conclusão: "À luz dessas mudanças, faz pouco sentido estabelecer uma política uniforme dos Estados Unidos em relação à América Latina".

Algumas semanas atrás, numa conversa informal em Washington, ouvi de Robert Pastor, especialista latino-americano no Conselho de Segurança Nacional, uma interpretação mais ampla dessa declaração. Em essência, Pastor disse que os EUA não veem mais a América Latina como uma "reserva de caça" de Washington. Referindo-se ao papel da Internacional Socialista na América Latina e à visita do presidente francês Valéry Giscard d'Estaing ao Brasil em outubro de 1978, ele observou: "Não deve haver rivalidade entre a Europa e os Estados Unidos na América Latina. Acolhemos de forma positiva as intervenções europeias que contribuem para a normalização política das nações do continente".

Após os reveses na América Latina, a diplomacia norte-americana parece agora se limitar ao progresso de relações bilaterais com os países mais importantes da região. É uma atitude semelhante às sugestões apresentadas alguns meses antes por George F. Kennan, veterano da diplomacia dos EUA que tem grande prestígio em Washington:

> Além da normalização de nossas relações com Cuba e com o Panamá e do que pudemos fazer em relação à estabilidade dos preços das matérias-primas, não temos nenhum motivo para nos dar ao trabalho de desenvolver, além de certo ponto, nossas relações com os países dessa região, principalmente com os da América do Sul.[7]

Isso quer dizer que haverá recuo da presença dos EUA na região? Tal conclusão parece ser prematura, visto que as situações incertas que prevalecem em muitos países podem ter prolongamentos inesperados: Nicarágua, Brasil, Peru, Equador, conflitos de fronteira entre o Chile e a Argentina, entre o Chile e a Bolívia etc. Além do mais, em janeiro de 1979, novas cláusulas no Trade Act de 1974 entrarão em vigor, o que vai gerar contenciosos entre os Estados Unidos e os países industrializados do continente americano. No fim das contas, como disse um diplomata norte-americano sobre o papel dos EUA na Nicarágua: "Somos como um elefante na sala de estar, mesmo que não nos mexamos, ninguém pode nos ignorar".[8] Essa observação vale para toda a América Latina.

Que viva a nação![1]

ABRIL DE 1979

O Estado brasileiro chegou à maturidade, mas a nação se atrofia. Ao longo da história do país, o aparato estatal e a sociedade teceram relações complexas. No século XIX, o poder central manteve unidas regiões bem distintas.

O Estado se assentava nessa época sobre o acordo entre as diferentes oligarquias regionais, interessadas em dispor de um negociador capaz de fechar acordos comerciais com as nações consumidoras de produtos agrícolas e capaz de direcionar para as plantações os escravos africanos e, depois, proletários europeus e asiáticos.

Consciente da inércia dos poderes locais, a *intelligentsia* procurava usar o Estado como instrumento da modernização da sociedade. A fragmentação da pressão popular engendrou um vazio político que favorecia a ascensão dos defensores da modernização autoritária no seio do aparelho estatal. Depois da crise de 1930, a industrialização se transforma em grande meta nacional, no projeto que une Forças Armadas, burocracia e intelectuais. O movimento nacionalista amplia esse projeto.

Os negros são aceitos como integrantes da sociedade. O conjunto da população é "brasilianizado". No entanto, há uma clivagem nítida que separa as noções de "nacionalidade" e de "cidadania". As mulheres alfabetizadas têm direito ao voto desde 1933, mas os analfabetos —

homens e mulheres, negros ou brancos — estão, até hoje, privados do direito de voto.

Até 1955, o Estado utilizava as divisas obtidas pelas exportações agrícolas para assegurar o desenvolvimento da indústria nacional. Desde então, as multinacionais começaram a instalar filiais no Brasil, dispondo de monopólio em alguns setores.

A intervenção do Estado assume nova dimensão após o golpe de 1964. As empresas públicas ampliam suas atividades e, em alguns casos, sob a forma de *joint ventures*, se associam às multinacionais. Tal situação fragmenta a frente política heterogênea que, desde 1930, advogava a industrialização do país. Efetivamente, a ampliação do papel do Estado viabilizou-se graças à criação de mecanismos de poupança forçada penalizando a massa de assalariados, e também à expansão da competência fiscal da União em detrimento dos estados e dos municípios. Tal processo acentua as desigualdades sociais e as diferenças regionais, esgarçando o tecido nacional.

O regime militar no poder há quinze anos não se distingue radicalmente dos sistemas que o país conheceu antes. Na verdade, é o período constitucional de 1946 a 1964 que se apresenta como exceção na história recente do país. A tendência autoritária das classes dominantes se inscreve num movimento de longa duração que nunca foi seriamente enfraquecido. Sem dúvida, a paisagem política se modificou consideravelmente nos últimos anos. O surgimento de um movimento sindical independente em São Paulo apagou um dos traços da "miséria histórica brasileira". A intransigência do regime poderia levar esse movimento a ampliar sua ação, e, desde logo, uma evolução sem retorno surgiria no horizonte democrático do país. Mas não deve se excluir, a médio prazo, a constituição de uma aristocracia operária favorecida pelo regime em detrimento da massa de trabalhadores. As liberdades conquistadas no Centro-Sul poderiam assim coexistir com uma repressão mais forte nas zonas rurais e no resto do país. O governo se fortaleceria se conseguisse acentuar esse fenômeno.

As consequências imprevisíveis de explosões sociais obscurecem a paisagem política. Cerca de 8 milhões de trabalhadores rurais, totalmente sem recursos, foram deslocados entre as diferentes fronteiras agrícolas. Em paralelo, os pequenos agricultores foram expulsos para as cidades. Nas periferias dos grandes centros urbanos se desenrola o último ato desse drama surdo e doloroso: famílias pobres abandonam seus filhos. Há no país perto de 13 milhões de crianças privadas de cuidados elementares, ou seja, um terço da população menor de dezesseis anos. O fenômeno não é transitório, visto que esses deserdados não se tornarão proletários: é evidente que uma mutação social assim não está inscrita na forma de industrialização atualmente em curso nos países periféricos do Terceiro Mundo. Essas crianças vão continuar a crescer num contexto em que a marginalidade constitui sua única chance de sobrevivência. De imediato, a única "resposta" institucional previsível para essa situação é o reforço da repressão. A tragédia não compromete somente o futuro desses milhões de brasileiros.

Ela hipoteca o futuro da nação.

O Brasil diante do teste da "liberalização"

FEVEREIRO DE 1980

Após a anistia parcial que permitiu o retorno dos principais líderes políticos exilados em 1964, a extinção do bipartidarismo marca uma nova etapa na rota errática adotada desde 1974 pelo regime militar brasileiro.[1] Para entender a "liberalização sob controle" implementada nos últimos cinco anos, é necessário retornar brevemente às origens do endurecimento do regime militar ocorrido em 1968.

A recessão econômica que começou em 1961 continuou até 1967, apesar da severa gestão deflacionista iniciada pelo regime após o golpe de 1964. Essa política econômica rigorosa criou insatisfações entre as classes médias que haviam apoiado o golpe militar, gerando divergências nas próprias Forças Armadas e reativando manobras políticas da direita tradicional. O AI-5, promulgado em dezembro de 1968, concedeu plenos poderes à burocracia militar e eliminou qualquer oposição ao regime. A partir de então, dois movimentos convergentes acentuaram a estagnação da vida política:

> Parte dos setores da oposição forçados a ficar na clandestinidade organizaram operações de guerrilha urbana e rural. Inicialmente surpreendidos, os militares montaram aos poucos um robusto aparato repressivo que, mediante chantagem, tortura e assassinatos, isolou e depois eliminou toda a oposição armada.

O segundo movimento — menos perceptível na época — opunha entre si, no interior das classes dominantes, diferentes grupos econômicos que buscavam garantir posições de monopólio no mercado brasileiro. Dando continuidade a um movimento já conhecido, o Estado se tornou um importante instrumento de acumulação capitalista. Uma luta acirrada opôs grupos de interesses rivais no sistema bancário, no setor de seguros, nas empresas de obras públicas e em outras áreas, no momento em que importantes decisões de política econômica deviam ser tomadas pelo governo federal. A arbitragem estatal em favor de um ou outro dos grupos concorrentes assumia, naquelas circunstâncias, uma importância decisiva.

Alguns desses grupos renovaram os laços de longa data com políticos conservadores que, diante do regime militar, se apresentavam como solução alternativa. Do lado oposto, outros setores econômicos apostaram tudo nas facções mais duras da hierarquia militar, estimulando a ascensão de tecnocratas que preparavam uma nova expansão econômica, baseada, desta vez, em uma brutal concentração de renda. Essa dupla dinâmica consolidou o regime ditatorial no governo do general Emílio Garrastazu Médici.

Paradoxalmente, durante todo esse período — um dos momentos mais sombrios da história brasileira — o regime nunca assumiu a tirania. A ideologia liberal continuou a ser propagada em Brasília e os militares continuavam vacilantes diante do corporativismo político que certos grupos de extrema-direita queriam impor ao país. Assim, introduzida em 1969, a pena de morte nunca foi aplicada legalmente, mesmo enquanto muitos opositores eram assassinados pelas forças da repressão ou "desapareciam" das prisões do governo.

Em 1974, no início do governo Ernesto Geisel, houve um desfecho para uma série de problemas críticos. Depois de suprimir os movimentos armados, o aparelho repressivo começou a escapar do controle do governo. A hierarquia militar decidiu então retomar o controle da repressão, e a tortura e o assassinato de presos políticos foram gradualmente eliminados.

Entretanto, nas posições-chave do mercado brasileiro, certos grupos econômicos haviam superado os concorrentes, reduzindo assim os conflitos de interesses na burocracia estatal. Outro elemento significativo para a continuidade do regime foi a melhoria no padrão de vida de um setor da classe média que, graças a investimentos no mercado de ações e imobiliário, conseguiu se proteger da inflação que atingiu de forma implacável a renda da grande maioria da população.[2]

Os militares retomaram então a tentativa de institucionalizar o regime, abandonada em 1968. Mas as eleições de novembro de 1974 alteraram completamente os planos, visto que o bipartidarismo transformou o pleito num verdadeiro referendo, com a maioria do eleitorado condenando a política do governo. Na sequência das eleições municipais de 1976, que terminaram com a vitória do Movimento Democrático Brasileiro (MDB) nas principais cidades do país, pude escrever: "Isso explica por que os militares mais uma vez pensavam em modificar o sistema eleitoral, eliminando essa bomba-relógio que o MDB podia se tornar caso seguisse sua progressão nas próximas eleições nacionais. A criação de três ou quatro novos partidos poderia superar os riscos da situação atual".[3]

Após três anos de golpes autoritários, de chicanas jurídicas e de manobras diversas, o MDB e a Aliança Renovadora Nacional (Arena) se entenderam para dar lugar a um novo quadro político, no qual é provável que coexistam quatro partidos. Como será estabelecido o equilíbrio de poder entre o governo e a oposição nesse novo contexto?

As várias estratégias de oposição

No campo da oposição, a situação é bastante complexa. É inegável que o MDB nunca conseguiu transformar as forças eleitorais que incorporou em cada eleição nacional em uma verdadeira frente política, capaz tanto de liderar a luta parlamentar como de canalizar as reivindicações políticas e sociais que surgiam em todo o Brasil. A volta dos exilados acentuou as tendências centrífugas e as divisões que atravessavam a oposição.

O principal líder político que se beneficiou da anistia foi, sem dúvida, Leonel Brizola. Ex-governador do Rio Grande do Sul, ex-deputado federal pelo Rio de Janeiro, Brizola também é o líder do antigo Partido Trabalhista Brasileiro (PTB), de Getúlio Vargas e João Goulart. Armado com esses trunfos, ele desenvolve há dois anos a mesma estratégia. Para ele, a bipolarização das eleições leva a um impasse em que os militares terão sempre a última palavra e a oposição sempre perderá; nessas circunstâncias, a reconstituição do PTB poderia, a médio prazo, desbloquear a situação, oferecendo à oposição um aparato político nacional capaz de dinamizar as reivindicações que brotam no país.

Na medida em que a reorganização do PTB restringia a antiga frente eleitoral formada em torno do MDB, essa estratégia servia aos planos do governo, que em várias ocasiões "interpretou" a legislação sobre os novos partidos a fim de favorecer o renascimento do PTB. "Essas interpretações [do regime] pavimentaram o caminho para o sr. Brizola", escreveu um dos comentaristas políticos mais respeitados do país.[4] A isso, o PTB respondeu que o MDB era uma verdadeira camisa de força que os militares haviam imposto ao eleitorado, impedindo assim que a oposição se renovasse. O PTB não estava sozinho ao fazer essa análise: algumas autoridades eleitas do MDB viram-se isoladas em estados onde o partido estava nas mãos de políticos que traíam o mandato recebido de seus eleitores. Tal era, em especial, o caso do Rio de Janeiro. Outros membros da oposição, pertencentes à "tendência popular", consideravam que era hora de a oposição de esquerda se libertar das alianças que a levavam à inércia, e que ela deveria definir o próprio perfil político.

No pano de fundo dessas análises, jaz a premissa comum de que o país está agora entrando em um estágio de transição, no qual a ditadura militar se transformaria em um regime conservador, liderado pela direita civil.

Considerando que a "liberalização" não está de forma alguma consolidada, outros membros da oposição contestam essas análises e acham necessário manter a união das forças contra o regime. No entanto, essa contraofensiva unitária permanece limitada à bancada da oposição. Exceto durante a reunião que marcou a volta de Miguel Arraes, exilado na Argélia, ao Recife, em nenhum momento o eleitorado popular foi mobilizado para se opor às manobras do governo. Ex-governador de Pernambuco, também anistiado, Arraes veio reforçar o bloco "autêntico" do MDB. Adepto da manutenção da aliança entre a esquerda e os liberais, ele acredita que uma frente de oposição deve liderar a luta contra o regime para levar à convocação de uma Assembleia Constituinte.

Luís Carlos Prestes, secretário-geral do Partido Comunista Brasileiro (PCB), é o terceiro líder de envergadura nacional a retornar ao país. Tendo se beneficiado da legalidade por apenas dois anos (1945-46), o PCB, apesar da presença em setores da população de grandes centros urbanos, não tem as características que o levariam a se tornar uma poderosa organização de massa. Com seu partido ainda banido pelos militares, os líderes comunistas enfrentam um duplo problema. Ao mesmo tempo que retomam o contato com as novas forças políticas que surgiram no país, devem, de fato, preparar a sucessão de Prestes para a liderança do partido. Com 82 anos, ele foi "o cavaleiro da esperança" que marcou profundamente o PCB. Sua morte abrirá uma luta interna cujos resultados são, no momento, imprevisíveis. Setenta e sete anos após sua fundação, o PCB está em uma situação política que pode favorecer o seu renascimento ou, pelo contrário, desvitalizá-lo em definitivo. De fato, se permanecer isolado das novas forças políticas e sindicais que estão surgindo à esquerda, o partido seria visto como um produto histórico efêmero, fruto da reunião entre o Komintern, a pequena burguesia e os suboficiais radicais — incluindo Prestes — que, na década de 1920, pretendiam conquistar o poder no Brasil.

As sutilezas da "anarquia oligárquica"

A refundação do sistema político não se destinava apenas a dividir a oposição; a manobra também buscava criar, com o partido do governo, outra organização política, capaz de servir de apoio a políticos conservadores que hesitavam em se juntar ao partido do governo. Esse novo partido, organizado pelo deputado Tancredo Neves — membro do MDB, ex-ministro de Vargas e Goulart, ex-conselheiro de Juscelino Kubitschek, articulador da maioria das combinações políticas que marcaram os últimos 25 anos —, deve incluir também Magalhães Pinto, da Arena, candidato derrotado da direita civil à sucessão do presidente Ernesto Geisel, bem como Chagas Freitas, do MDB, atual governador do estado do Rio de Janeiro.

O nascimento desse partido pró-governo teria sido muito problemático se houvessem mantido a cláusula que permitia a cada sigla apresentar até três listas diferentes durante as eleições (as "sublegendas"). Na verdade, eram precisamente os elementos pró-governo que não podiam coexistir na antiga Arena que deviam formar a estrutura desse "partido dos independentes".

No entanto, a extinção pura e simples das "sublegendas" apresentou problemas de uma natureza diferente para o governo. Na realidade, foi necessário obter o equilíbrio exato entre as várias tendências da Arena para conseguir organizar a maioria pró-governo nas Assembleias estaduais. Receosos de lidar com a hostilidade das Assembleias em caso de novas divisões nas estruturas locais de poder, muitos governadores fizeram lobby para manter as "sublegendas". Assim, a extinção do bipartidarismo resolve os constrangimentos do governo em nível nacional, mas cria problemas em nível regional.

Para superar essa contradição, o governo apresentou ao Congresso um dispositivo que proibia "sublegendas" nas eleições para deputado federal e senador, mas as autorizava nas eleições municipais. Rejeitado por uma coalizão de parlamentares da Arena e do MDB, esse texto provavelmente será imposto pela via autoritária.

Essas peripécias ilustram as implicações de um fato importante na vida política brasileira: a diferenciação de interesses das classes dominantes no plano local.

Como peculiaridade histórica de um país onde a agricultura se modernizou sem uma reforma agrária que perturbasse as estruturas de dominação local, a "anarquia oligárquica" torna indispensável a existência de uma esfera política mínima para favorecer o compromisso entre líderes políticos regionais. Essa é uma das chaves da dinâmica parlamentar que perdura há um século e meio no Brasil. Nenhum governo se atreveu a extinguir essa esfera de poder. Foi em razão das repercussões nas estruturas políticas locais, e não tanto pelos desdobramentos econômicos, que o governo precisou abandonar dois projetos que poderiam, pelo menos em parte, resgatar historicamente o regime: a reforma agrária e a alfabetização dos adultos (ou seu corolário político, a revogação da lei que nega o direito de voto aos analfabetos).

É também esse núcleo irredutível de contradições entre as classes dominantes locais que atrasa a implementação de outro instrumento de manipulação política nacional, há muito desenvolvido pelos militares: o voto distrital.

Mas, se por um lado o cenário político mantém assim muitas de suas características históricas, o mesmo não se dá no campo social. Na verdade, foi nesse terreno que ocorreram as mudanças mais significativas dos últimos quinze anos, período em que praticamente dobrou a força de trabalho empregada na indústria dos grandes centros urbanos.[5]

Apesar das estruturas corporativistas nas organizações de trabalhadores — legado da legislação trabalhista estabelecida por Vargas —, surgiu um movimento sindical independente e dinâmico, que contribui para o desaparecimento de uma das principais características da "miséria histórica" brasileira.

O impacto dessa nova força social ficou evidente durante as grandes greves de maio a junho de 1978, quando cerca de 1,5 milhão de trabalhadores cruzaram os braços nas fábricas de São Paulo. Esse movimento desencadeou outras paralisações trabalhistas, afetando tanto o setor industrial quanto o setor terciário. Nos últimos seis meses de 1979, quase trezentas greves ocorreram em diferentes partes do país. Os resultados desses movimentos foram desiguais, mas a atividade econômica foi consideravelmente afetada em certos setores, como a indústria automobilística: por conta das greves, a produção caiu cerca de 6% em 1979.

A irrupção da classe trabalhadora no bloco de oposição ao regime sacudiu a vida política. Presidente do Sindicato dos Metalúrgicos do ABC Paulista e figura de oposição, Luiz Inácio da Silva, conhecido como Lula, tem consciência do poder e da novidade do sindicalismo que ele representa. Ele nos disse há algumas semanas: "A introdução de liberdades democráticas no Brasil requer a organização e a consolidação de um movimento operário independente. O regime autoritário conseguiu coexistir com as atividades parlamentares, mas não resistirá à ascensão de organizações operárias autênticas e independentes".

Hoje em dia, Lula desempenha um papel decisivo nas lutas sindicais. Durante a greve dos operários da construção civil em Belo Horizonte, em agosto passado, sua intervenção permitiu evitar o pior. Com efeito, os operários da construção civil constituem uma das categorias mais desfavorecidas do proletariado brasileiro. Muito numerosos na região de Belo Horizonte, onde um dos principais canteiros de obras concentra 20 mil peões, eles exigiam melhores salários, mas também o respeito às leis trabalhistas, pouco observadas pelos empregadores. Na palavra de ordem escrita nos cartazes, estava expressa a angústia deles: nós estamos com fome! Mal conduzida e vítima de provocações, a greve degenerou em tumultos que causaram duas mortes e muitos feridos. Acompanhado de outros líderes sindicais de São Paulo, Lula chegou a Belo Horizonte, conseguiu organizar o movimento e impôs negociações com o patronato e as autoridades locais. Após esses encontros, declarou: "Os trabalhadores precisam urgentemente de liberdade e autonomia sindical para poder eleger pessoas responsáveis e representativas para não permitir a repetição de fatos como os que acabaram de ocorrer".

Essa linguagem de bom senso pode ser entendida e aprovada por um amplo espectro da opinião brasileira. Por meio de ações tão populares quanto contundentes, a afirmação dos interesses dos trabalhadores amplia e consolida as brechas abertas no regime autoritário.

Além da luta política que a oposição está travando na frente parlamentar, a renovação do movimento sindical constitui um dos aspectos mais promissores da evolução da vida política. A vigilância dos novos líderes dos trabalhadores dificultará qualquer operação populista, seja do governo, seja da oposição. Disputado por todas as correntes da oposição, Lula e outros sindicalistas que lhe são próximos preferem insistir nos interesses específicos dos trabalhadores, organizando um Partido dos Trabalhadores. Contudo, é possível que esse partido não possa ser formado, em razão da legislação eleitoral. Por isso alguns líderes dos trabalhadores já estão pensando em ingressar, como tendência organizada, no partido de oposição que sucederá ao MDB.

O governo está atento aos novos desafios que as lutas sindicais introduzem na vida política. Em paralelo à intensificação da repressão policial, novas leis salariais buscam reduzir o escopo dos movimentos de reivindicação. Em especial, os salários serão agora indexados periodicamente pela taxa oficial de inflação, e os parceiros sociais vão se limitar a negociar apenas os acréscimos relativos ao crescimento da produtividade. Assim, em vez de mobilizar os trabalhadores para aumentos salariais de 70% ou 80%, como anteriormente, os sindicatos só podem negociar aumentos da ordem de 4% ou 5%.

Correndo o risco de ver o movimento se esgotar, não há dúvida de que os líderes sindicais terão que dar um novo passo, conscientizando os trabalhadores sobre demandas relacionadas à organização e à jornada de trabalho, à escala salarial e aos benefícios sociais.

Outro aspecto importante do problema está relacionado à dimensão das organizações sindicais. Na verdade, apesar de três décadas de gestão trabalhista, e talvez por causa disso, o número de sindicalizados não atingia 10% dos trabalhadores quando o governo Goulart foi derrubado, em 1964; essa proporção permanece a mesma hoje em dia. Ora, como os movimentos de greve demonstraram, a composição da classe trabalhadora mudou drasticamente nos últimos anos. Um número muito maior de mulheres (17,9% da população ativa em 1960 e já 29,2% em 1976) ingressou no mercado de trabalho. Da mesma forma, mais crianças e adolescentes exercem atividades remuneradas. Em 1960, 29,8% da população entre dez e dezenove anos tinha emprego; em 1973 esse percentual subiu para 38,9% e em 1976 ainda atingiu 34,8%. Nas greves de bancários em São Paulo, em setembro passado, os líderes sindicais ficaram surpresos com as reações violentas dos office boys dessa faixa etária. A incorporação de mulheres e adolescentes no mercado de trabalho tem sido o meio de reverter parcialmente a queda na renda familiar causada nos últimos anos pela erosão do salário mínimo.

Tergiversações do poder

O que se destaca nesses movimentos é a relativa concentração geográfica — a maioria das greves foi lançada por trabalhadores do Centro-Sul do país — e a fraqueza e a desorganização dos trabalhadores agrícolas, que, no entanto, formam a maioria da população rural brasileira e também constituem os assalariados mais explorados do país.

As tensões que potencialmente ameaçam o regime militar não se manifestam apenas no plano social; elas também aparecem na estrutura administrativa do país. A concentração das receitas tributárias nas mãos da União, em detrimento dos recursos próprios dos municípios e dos estados — movimento que aumentou desde 1968 e que consiste em outro aspecto do autoritarismo do regime —, empobrece cidades e estados e agrava divergências regionais.

É nesse contexto conturbado que a vida política brasileira está sendo reorganizada. Após a reforma partidária, três partidos conseguem se constituir respondendo às regras impostas pelo governo: um partido de direita, o Partido Democrata, que será o herdeiro da Arena; um partido de centro, o Partido Popular Brasileiro (ppb), de Tancredo Neves; e um partido da oposição, o Partido do Movimento Democrático Brasileiro (pmdb), que conseguiu reter a maioria dos eleitos da oposição. Leonel Brizola aparentemente falhou em sua tentativa de reviver o ptb atraindo eleitos do antigo mdb. Resta-lhe a possibilidade de tentar uma mobilização popular, mas ele vai seguir esse caminho?

Obviamente, não é isso que o governo esperava da reorganização dos partidos. Livre de membros incômodos, como o governador do Rio de Janeiro, Chagas Freitas, o pmdb mantém a aliança entre os liberais e a esquerda, simbolizada pelo acordo entre Ulysses Guimarães, ex-presidente do mdb, e Miguel Arraes, um dos líderes da esquerda. No momento, o pmdb conta com a adesão de cerca de cem deputados (um quarto da Câmara) e vinte senadores (um terço do Senado). Dadas as circunstâncias, esse resultado está longe de ser insignificante.

Além disso, o partido de centro, o ppb, parece enfraquecer mais a antiga Arena do que o antigo mdb.

Isso explica a tergiversação das autoridades quanto às eleições nacionais de 1982 e até mesmo a legalização dos novos partidos. A situação parece bastante preocupante. Tancredo Neves declarou recentemente: "O país está perplexo e desorientado, sem entender […] quais são os objetivos reais do governo, sem saber se se trata de consolidar e ampliar nossas conquistas democráticas e sociais ou do funesto objetivo de criar confusão para [permitir] um retorno aos dias sinistros que cobriram nossa história de vergonha e opróbrio no passado recente". O fato de o autor dessas palavras ser unanimemente reconhecido como moderado, pouco suspeito de intransigência em relação ao governo, dá ainda mais peso a essa análise.

Os limites da "liberalização" no Brasil

JULHO DE 1980

Em fevereiro deste ano, o governo do general João Baptista Figueiredo comemorou seu primeiro aniversário em um clima político favorável aos planos do regime. O retorno dos exilados políticos não deu um novo impulso aos protestos públicos, mas, pelo contrário, parece ter acentuado a fragmentação da oposição, já iniciada pela reforma dos partidos políticos e da legislação eleitoral. Apesar da natureza restritiva da anistia concedida em setembro de 1979, as revisões de processos e condenações libertaram presos políticos, permitindo que o regime neutralizasse o movimento nacional em favor da anistia geral.

Os problemas econômicos pioravam e a inflação atingia duramente a população. Mas a fragmentação da oposição deixou um vácuo político no país, e o controle da situação permaneceu nas mãos do governo. Essa imagem foi alterada por completo quando a greve dos metalúrgicos eclodiu em São Paulo: durante 41 dias, os trabalhadores paralisaram as fábricas do maior centro industrial da América Latina. Tal movimento — uma das mais longas ações sindicais de protesto da história brasileira — lança uma nova luz sobre os desafios da "liberalização" política em andamento no país.

No Brasil, como em outros lugares, é frequente que se estabeleça uma correlação positiva entre a prática de políticas deflacionárias e o exercício do autoritarismo político. A história brasileira, no entanto, oferece uma linha de interpretação mais coerente. Na verdade, a descentralização oligárquica torna necessária a preservação de um espaço político mínimo onde se possam realizar os acordos entre as camadas dominantes. Inversamente, todo movimento centralizador gera governos autoritários no país. Tal foi o caso durante a ditadura de Getúlio Vargas, entre 1937 e 1945, e esse ainda é o caso desde o golpe militar de 1964. Nesse sentido, a atual "liberalização" política deve ser analisada a partir da reativação da vida política nos diferentes estados da federação.

As eleições de 1974 e 1978 consistiram numa espécie de plebiscito nacional contra o regime, ao mesmo tempo que colocaram sob a liderança da oposição os estados mais importantes do país, onde os senadores e deputados do Movimento Democrático Brasileiro (MDB) foram eleitos por uma esmagadora maioria de votos. Em paralelo ao veredito das urnas, assistimos à ascensão do movimento operário, à organização de setores da sociedade civil e à mobilização do episcopado católico ao lado dos pobres e dos desfavorecidos.

Foi em São Paulo que esse fenômeno teve um impulso mais abrangente. O estado representa por si só 12% da economia latino-americana e 50% do PIB brasileiro. Das 50 principais empresas do país, 26 estão sediadas em São Paulo, onde também são realizados 54% dos investimentos. Em cada 5 brasileiros, 1 vive nesse estado, onde estão concentrados 28% da população urbana e 24% dos eleitores do país. Os paulistas detêm 42% dos carros, 35% dos caminhões, mas também 45% da circulação de jornais, 43% dos livros publicados e 45% das pessoas com ensino superior. Acrescente-se que o estado concentra 52% dos trabalhadores da indústria de transformação, 42% dos trabalhadores sindicalizados e 40% dos acidentes industriais que ocorrem anualmente no Brasil.[1]

Fraquezas dos partidos

Esse gigante era, porém, microcéfalo: o controle dos grandes proprietários e, acima de tudo, a ação dos líderes populistas urbanos reduziam o peso político do estado. Na realidade, do ubuesco Adhemar de Barros ao imprevisível Jânio Quadros, São Paulo teve que lidar com toda uma galeria de políticos que transformaram as consultas eleitorais em um espetáculo irrisório e dramático. O PTB nos governos de Getúlio Vargas e João Goulart tomou precauções para reduzir a influência dos trabalhadores paulistas no movimento sindical e entregou a liderança regional do partido a uma burocracia não representativa, sob as ordens da liderança nacional, reduto dos políticos do Rio Grande do Sul. A história do corpo social brasileiro ainda está para ser escrita. Sua unificação política, alcançada por uma mistura de astúcia e violência, atrasa até hoje sua unidade interior. E nos últimos anos o tecido social foi posto a dura prova, especialmente porque a sociedade já internalizou *o modelo* de consumo ocidental, enquanto ainda está longe de ter absorvido *a prática*.

Isso resulta em incompatibilidade entre os partidos políticos e as estruturas socioeconômicas — situação que piorou significativamente com a repressão, as disparidades sociais e regionais que se ampliaram no país, mas também a perpetuação do elitismo, que sempre marcou a vida política. Em São Paulo, esses problemas se destacam com particular acuidade.

O PMDB, herdeiro do MDB, é a principal força política do estado. Tendo obtido quase 5 milhões de votos nas eleições de 1978, o senador André Franco Montoro, um dos notáveis do partido, tinha praticamente certeza de que seria eleito governador em 1982 caso o voto fosse direto, como era até 1964. Situações semelhantes existem em vários outros estados onde os senadores do PMDB também são os mais bem colocados entre os candidatos ao cargo de governador. É precisamente por esse motivo que o governo federal, que acaba de adiar as eleições municipais programadas para 1980, deixa em suspenso a realização das eleições estaduais, esperando, assim, levar os senadores do PMDB a uma atitude cautelosa em relação ao regime. Essa manobra tem sido bem-sucedida até agora. A influência dos senadores pesa sobre a liderança do partido e deixa todo o PMDB em certa inércia.

É por isso que, indo mais além, parte da oposição popular e democrática no Centro-Sul do país organizou o Partido dos Trabalhadores (PT), que, especialmente em São Paulo, reúne setores dinâmicos do movimento operário e da *intelligentsia*. Tal é o drama da oposição brasileira: os resultados inesperados das eleições de 1974 e, em menor grau, os de 1978, levaram para o Congresso e as Assembleias estaduais parlamentares mais moderados do que suas bases eleitorais. Enquanto isso, a criação do PT — organização que ainda não tem parlamentares e permanece eleitoralmente frágil — dinamiza parte da oposição, travando assim a renovação do PMDB, que continua dispondo de potencial eleitoral significativo. Os líderes operários paulistas são por vezes criticados por terem minimizado as tarefas relativas à organização dos sindicatos para fundar um partido político que, em razão da legislação vigente, corre o risco de ser eleitoralmente inviável. A questão permanece em aberto. No entanto, o desfecho desfavorável da greve de São Paulo demonstrou mais uma vez os perigos da fragmentação das forças de oposição.

Efetivamente, apesar da preparação meticulosa dos comitês de greve, os metalúrgicos da zona industrial do ABC Paulista obtiveram apoio limitado dos outros sindicatos. Além disso, os líderes operários reconhecem que, dos 4.600 sindicatos brasileiros, apenas cerca de 50 têm liderança autêntica, não subserviente ao governo.

É por isso que a Igreja desempenha papel importante, ao lado de intelectuais e outros grupos sociais, nos comitês de solidariedade criados para apoiar os grevistas. Isso não deixou de provocar um confronto grave entre a hierarquia católica e o regime militar. Convencido de que os bispos brasileiros "se comportam mal", o presidente Figueiredo espera que o papa, em visita ao Brasil a partir de 30 de junho, restrinja a ação das autoridades eclesiásticas brasileiras. De seu lado, bispos, religiosos e laicos esperam que a viagem de João Paulo II dê novo destaque às tarefas sociais que a Igreja realiza no Brasil. Na medida em que há muito a ser feito no nível das organizações populares, é natural que as "comunidades de base" atraiam os esforços de padres e leigos engajados na ação social. No longo prazo, não se pode ignorar que as dificuldades políticas que paralisam a oposição talvez deem origem a um certo "cristianismo social", que privilegiaria as formas populares de ajuda mútua e as ações comunitárias em detrimento do trabalho de organização política e da ação na esfera institucional.

Aqui, como no caso do novo sindicalismo, o futuro da democracia brasileira reside na capacidade de líderes e partidos traduzir em termos políticos as esperanças e demandas dos diferentes setores da sociedade. Se isso falhar, ocorrerá uma fragmentação das forças de oposição — situação repleta de riscos em um país cuja população permanece politicamente desorganizada e onde as forças conservadoras têm um temível poder repressivo.

O "milagre" em pedaços

Seja como for, o novo cenário social brasileiro impressiona o mercado internacional. Antes mesmo da greve dos estivadores de Santos e dos metalúrgicos do ABC Paulista, uma revista econômica norte-americana escrevia sobre as primeiras grandes greves de 1978: "[Esses eventos] apresentaram a fatura do que restou do 'milagre econômico' brasileiro, minando uma de suas mais orgulhosas premissas, isto é, a existência de uma força de trabalho submissa e apolítica".[2] Pode-se acrescentar que analistas mais atentos já reduziram a suas devidas proporções o outro "desempenho" do regime, a saber, o grande crescimento econômico, obtido graças a métodos ditatoriais, entre 1968 e 1974. Na verdade, se examinarmos o crescimento brasileiro no período pós-guerra, o "milagre econômico" parece muito menos significativo. Assim, entre 1947 e 1961, período durante o qual o país viveu sob um regime constitucional razoavelmente democrático, o PIB cresceu numa taxa de 7% ao ano, média igual à dos anos 1961 a 1974. Entre 1962 e 1967, período que inclui quatro anos de regime militar, a taxa de crescimento foi de apenas 3,7% ao ano. Nesse sentido, o "desempenho" alcançado entre 1968 e 1974, quando a taxa de crescimento anual chegou a 10%, apenas repõe a economia brasileira em seu nível histórico, ou seja, ao nível de crescimento médio de 7% ao ano, observado desde o fim da Segunda Guerra Mundial. Desde 1974, a taxa de crescimento anual da economia brasileira passou novamente para abaixo de 7%.[3]

Outros observadores financeiros constatam agora o impacto econômico da pesada "dívida social" que o regime contraiu com a população. Dessa forma, a revista britânica *Euromoney* cita um relatório recente do Banco Mundial para observar que dois terços das crianças brasileiras não completaram os quatro ou cinco anos de escola considerados "o mínimo necessário para [obter] emprego produtivo nos setores modernos da economia".[4]

No entanto, para a maioria dos analistas, o problema central é a dívida externa do país. Há vários anos, o Brasil aparece como um dos países mais ávidos por créditos nos mercados financeiros. Mas, apesar das previsões pessimistas, o país continua a ter acesso aos principais bancos comerciais internacionais, que forneceram ao Brasil, em 1970, 17% do total de 75 bilhões de dólares da dívida dos países em desenvolvimento não produtores de petróleo; e, em 1979, 38% dos 366 bilhões de dólares da dívida total dessa categoria de países.[5]

Assim, a fatia brasileira é considerável, tanto em termos absolutos (a dívida total do país alcançou 50 bilhões de dólares em 1979, e 70% dessa soma deverão ser pagos antes de 1985) como em termos relativos (as operações no Brasil representaram 10% dos lucros do Citicorp em 1979, enquanto, no mesmo ano, as operações nos Estados Unidos representaram 35% dos lucros dessa instituição bancária).

A magnitude dessas cifras dá mais destaque à turbulência que afeta atualmente a economia brasileira. E é fácil compreender as razões para essas dificuldades. As importações de petróleo corresponderam a 35% do valor das exportações brasileiras em 1979, enquanto os juros da dívida externa representaram 66% do valor dessas mesmas exportações. Essas duas variáveis geram uma enorme rigidez na economia do país. Dessa forma, a balança de pagamentos (balança comercial mais serviços) registrou um déficit de 9,9 bilhões de dólares em 1979. Para 1980, esse déficit deve se situar em torno de 9,1 bilhões de dólares, segundo o governo, e em cerca de 13 bilhões de dólares, segundo alguns especialistas europeus.

A diferença entre essas duas estimativas se deve à temível equação que cerca o comércio exterior do país: praticamente sem possibilidade de reduzir ainda mais as importações, as autoridades esperam estimular as exportações, mas não podem contar muito com as exportações de produtos manufaturados, porque a indústria brasileira se alimenta de importações de insumos e tecnologia estrangeira. Por isso as autoridades dependem cada vez mais das exportações agropecuárias.

O problema é que a demanda é grande para o setor agrícola. Espera-se que a produtividade e a produção aumentem para conter a inflação; que as exportações agrícolas cresçam e equilibrem a balança comercial; que os empregos no campo se multipliquem e reduzam o êxodo rural; que a produção de alimentos seja expandida e aumente indiretamente os salários reais das pessoas pobres nos meios urbanos. Por fim, espera-se também que a safra de cana-de-açúcar se expanda e encha os tanques de carros brasileiros com álcool, para garantir a sobrevivência da indústria automobilística instalada no país. Alguns desses objetivos podem ser alcançados isoladamente, mas é impossível que todos sejam alcançados em simultâneo.

Restrições externas difíceis

Esse conjunto de circunstâncias explica a relutância dos banqueiros internacionais em relação à política econômica brasileira. Nos últimos meses, o ministro Antônio Delfim Netto fez várias viagens à Europa e aos Estados Unidos para tranquilizar os principais credores do Brasil, sem conseguir eliminar todas as reservas por parte deles. Uma revista especializada observou que os círculos financeiros ocidentais

> Têm uma necessidade desesperada de acreditar no canto da sereia [que emana] dos argumentos tranquilizadores do sr. Delfim Netto, que muitos deles provavelmente não entendem bem. Na realidade, as "propostas" do ministro para lidar com a mais grave crise econômica brasileira desde a Segunda Guerra Mundial, quando analisadas com cuidado e objetividade, se resumem a pouco mais do que a esperança de uma jogada de sorte [a *hopeful gamble*].

Mas a mesma revista acrescenta logo em seguida:

> O sr. Delfim Netto é inteligente demais para não perceber que está segurando a comunidade bancária internacional pela garganta. Os banqueiros devem continuar a emprestar dinheiro a esse devedor gigantesco ou enfrentar um calote que poderia destruir a confiança no mercado do eurodólar?[6]

Parece que os trabalhadores brasileiros já estão pagando o preço por essa espiral do terror da bancarrota. Regularmente, o Brasil recebe uma parte considerável dos empréstimos em eurodólar aos países não membros da Organização dos Países Exportadores de Petróleo (Opep): 13,4% do total desses empréstimos em 1977, 15,1% em 1978, 13% em 1979.[7] No entanto, nos últimos meses, as coisas mudaram. Em 1979, foram os bancos japoneses, recém-chegados ao mercado do eurodólar, que vieram em auxílio do governo brasileiro. Além disso, houve redução nas reservas cambiais, cujo montante (7,3 bilhões de dólares em 1977, 12 bilhões de dólares em 1978 e 9,5 bilhões de dólares em 1979) até então servira de garantia para os novos empréstimos. Tudo indica que o governo estava roendo essas reservas para dispor de capitais que ele tinha dificuldade de obter no mercado financeiro internacional. Nos primeiros meses de 1980, mesmo quando os bancos japoneses se retiraram do mercado do eurodólar, soube-se que a inflação brasileira, longe de se fixar em torno de 45% ao ano em 1980, como o governo havia planejado, talvez chegasse a 90% até o fim do ano. Na medida em que não conseguia frear o aumento dos preços, o governo tinha de conter as reivindicações salariais.

Foi nesse contexto delicado que surgiu a greve dos metalúrgicos no ABC. As reviravoltas desse conflito demonstraram que Brasília havia decidido ser intransigente com os grevistas, pressionando uma parte do patronato que, com fortes ganhos de produtividade, estava disposta a negociar com os sindicatos. A "emancipação" dos patrões — progressistas ou não — em relação ao regime parecia completamente irrisória. Ficou evidente a extensão de um problema que já se delineava fazia algum tempo: até os últimos anos, com o desempenho econômico assegurado e os capitais internacionais disponíveis, o regime foi capaz de perpetrar os piores excessos. Atualmente, quando os militares sentem o descontentamento da população e iniciam uma delicada manobra de "liberalização sob controle", as restrições internacionais impostas pela dívida externa pesam na direção de um endurecimento.

Para além dos diferentes ciclos de expansão financeira ocidental, esse é o drama que atinge de forma contínua a população brasileira.

O NEGRO PERDIDO E REENCONTRADO

Uma sociedade sem preconceitos raciais?

NOVEMBRO DE 1980

Na véspera da viagem que, em 1972, marcaria o início da ofensiva diplomática brasileira em direção à África Subsaariana, Mario Gibson Barboza, o então chanceler brasileiro, manifestou uma preocupação: sua numerosa comitiva era composta exclusivamente por funcionários brancos. Situação constrangedora para um país que afirma desconhecer a discriminação racial. Decidiu-se, então, incluir um alto funcionário negro na missão diplomática. Depois de algumas buscas, foi descoberto um médico negro entre o pessoal do ministério. Um ginecologista, que foi imediatamente incorporado à delegação oficial e apresentado aos anfitriões africanos como "médico pessoal do ministro das Relações Exteriores".[1]

Esse caso ridículo destaca uma das mistificações mais cuidadosamente cultivadas pela classe dominante brasileira: a existência de uma democracia racial no Brasil, segundo a ideologia difundida em todo o mundo pelas obras de Gilberto Freyre.[2]

A publicação, em 1933, de seu trabalho principal, *Casa-grande & senzala*, causou uma verdadeira revolução nas ideias dominantes. Até então, a elite brasileira sustentava a firme crença de que a nação etnicamente heterogênea resultante da colonização portuguesa não seria viável até que a população do país "se embranquecesse". Gilberto Freyre defendeu que a mistura de raças existentes no Brasil estava longe de ser explosiva. Para ele, esse processo era, ao contrário, essencial para mediar a adaptação do homem branco aos trópicos. A mestiçagem, tradicional no Brasil, mas sempre praticada em mão única — homens brancos e mulheres negras, resultado da exploração sexual das mulheres negras —, tornava-se a "prova" de que os luso-brasileiros não tinham preconceitos raciais.

Essa afirmação formou a base das teorias "luso-tropicalistas" segundo as quais Portugal criaria na África, como já havia feito no Brasil, sociedades plurirraciais. O "luso-tropicalismo" e a "democracia racial brasileira" são, portanto, duas facetas da mesma ideologia racial que acaba de ser radicalmente desmentida por desdobramentos recentes no Brasil e nos países da África lusófona.

Os objetivos do movimento

De fato, após quatro séculos de presença portuguesa, a descolonização de Moçambique, Angola e Guiné-Bissau deixa nesses países menos de 1% dos mestiços e uma minoria ínfima de brancos.[3] Fica então evidente que, nessa área, o legado lusitano na África não é nada melhor do que as "performances" belgas, francesas ou britânicas na África. Por sua vez, o surgimento das lutas dos movimentos negros invalida no Brasil os postulados fundamentais da "democracia racial brasileira" e do "luso-tropicalismo".

Aparentemente indiferente ao curso da história, Gilberto Freyre continua expondo suas teorias e propõe "o conceito brasileiro de 'metarraça' (que vai além da raça), significando que não há interesse em especificar origens étnicas: a realidade nacional [brasileira] não se preocupa com esse tipo de precisão".[4]

Seria necessário, então, saber por que o legislador achou oportuno formular no artigo segundo do decreto de 18 de setembro de 1945, que regulamentava a entrada de imigrantes no Brasil: "Atender-se-á, na admissão dos imigrantes, à necessidade de preservar e desenvolver, na composição étnica da população, as características mais convenientes da sua ascendência europeia". Seria ainda necessário determinar com que misteriosa alquimia social se cristalizaram as realidades reveladas pelos dados estatísticos de 1950. De fato, o censo realizado naquela data, o último a considerar critérios raciais em nível nacional, mostrou que a população brasileira era formada por 60% de brancos, cerca de 25% de mulatos e 11% de negros. No entanto, nas escolas primárias do país, havia apenas 10% de mulatos e 4% de negros. Nas escolas secundárias, a proporção era ainda mais desigual: 4% de mulatos e 1% de negros. Finalmente, as universidades do país recebiam apenas 2% dos mulatos e 0,3% dos negros.

Tais dados oficiais de modo geral foram ignorados pela opinião e pelos teóricos da "democracia racial". Depois, os funcionários do governo decidiram não incluir mais critérios raciais nos questionários do censo, ocultando assim os dados do problema.[5]

Essa indiferença às práticas de discriminação racial foi sem dúvida reforçada pela atitude aparentemente passiva da população negra. Na década de 1960, quando os guetos negros norte-americanos entravam em ebulição, observadores brasileiros e estrangeiros puderam comparar com complacência o caráter "pacífico" das relações raciais no Brasil e a situação nos Estados Unidos. Mas o argumento era duplamente falacioso. Antes de tudo, ignorava-se a luta abafada e dolorosa dos negros brasileiros para reivindicar seus direitos e a integridade cultural de sua comunidade. Além disso, outorgava-se credibilidade ao regime ditatorial brasileiro, que havia banido todas as formas de expressão democrática, enquanto o governo dos EUA era muito mais respeitoso das liberdades individuais e dos direitos das minorias. Agora que a "liberalização sob controle" não pode impedir que as reivindicações dos negros se manifestem, o argumento da "passividade" dos negros brasileiros não pode mais ser invocado de forma válida.

Sob a escravidão, que durou até 1888 — o Brasil foi o último país das Américas a eliminar essa instituição —, foram praticadas diferentes formas de resistência. A organização do movimento negro brasileiro, porém, é de criação mais recente.

Na década de 1930 constituiu-se em São Paulo a Frente Negra Brasileira, que conseguiu reunir dezenas de milhares de membros. Mas, como essa organização foi proibida pela ditadura de Getúlio Vargas, seus militantes só puderam se reorganizar, até 1944, em torno do Teatro Experimental do Negro (TEN), também em São Paulo. Apesar de várias pressões, o TEN conseguiu continuar suas atividades até 1968, ano em que o regime militar forçou seu principal organizador, Abdias do Nascimento, a se exilar nos Estados Unidos. Cabe lembrar também a intervenção dos militares na prefeitura de Santos em 1968, quando o prefeito eleito dessa cidade operária e portuária foi destituído de seu mandato. Era o político negro Esmeraldo Tarquínio, acusado de "subversão".

Com a mobilização da sociedade civil nos últimos anos, o movimento negro pôde se expandir e se fortalecer, contribuindo para ampliar o campo de "liberalização sob controle" em andamento no país. Em julho de 1978, após vários incidentes raciais, ativistas negros organizaram uma manifestação pública em São Paulo. Essa iniciativa deu origem imediatamente ao Movimento Negro Unificado (MNU), que se estabeleceu com dois objetivos principais: organizar os negros nas favelas, nas fábricas, nos bairros, e unir-se a todos os setores da sociedade para lutar pelo estabelecimento de um estado democrático. Apesar das pressões do regime, o MNU conseguiu criar seções da organização em vários estados e publicar jornais escritos por negros. No Rio de Janeiro, onde funcionava o Instituto de Pesquisas das Culturas Negras (IPCN), foi criada a Sociedade de Intercâmbio Brasil-África (Sinba), que edita uma publicação mensal.[6] De volta dos Estados Unidos, Abdias do Nascimento fundou o movimento quilombista, que defende posições mais marcadamente políticas.

Esse amadurecimento da consciência negra não se deve apenas às lutas políticas que estão ocorrendo no país. Todos esses movimentos foram bastante influenciados pelos vários congressos da cultura negra organizados na América Latina e na África, mas também, e sobretudo, pelas batalhas que levaram à independência dos países africanos lusófonos. As obras de escritores e líderes de Angola, Moçambique e Guiné-Bissau continuam produzindo ondas de choque no Brasil. Enquanto isso, o governo, buscando se aproximar desses jovens países, recebe respostas inesperadas de sua "audácia" diplomática.

Doravante, o tema entrou definitivamente em pauta. Cada um dos quatro partidos de oposição brasileiros incluiu em seu programa disposições para a proteção e a promoção de comunidades negras. O mais importante deles, o Partido do Movimento Democrático Brasileiro (PMDB), defende para os negros "programas específicos de qualificação profissional, bolsas de estudo, porcentagens mínimas de matrícula escolar, emprego em atividades produtivas, participação em entidades culturais".

Se a doutrina dominante da "democracia racial" é assim radicalmente desmentida, não se pode dizer que a maioria da população esteja ciente do problema. Diante de movimentos que desafiam ideias integracionistas dominantes, a opinião, mesmo à esquerda, às vezes reage de modo desfavorável.

"Igualdade abstrata"

Recentemente, o romancista Jorge Amado escreveu: "A cultura brasileira foi forjada no combate ao racismo e tem origem no cruzamento entre brancos, negros e indígenas".[7] A primeira parte da declaração é baseada em uma interpretação da história afastada da realidade. Quanto à segunda parte, parece que negros e índios brasileiros duvidam cada vez mais das virtudes de um "cruzamento" que era apenas a materialização de uma relação de exploração exercida pelos brancos. É aí que se situa a raiz do problema. O paradoxo, que consistia em querer apresentar uma "democracia racial" em uma sociedade ferozmente autoritária, é revelado: a integração racial não serve para todas as comunidades étnicas. Durante um debate político em Paris, Fernando Henrique Cardoso, figura de destaque na oposição, respondeu aos que estavam incomodados com a mobilização dos negros brasileiros: "Não podemos atar duplamente as minorias, primeiro com a opressão que sofrem e, em segundo lugar, condenando seus esforços para se libertar, sob o pretexto de que essa luta frustra uma igualdade abstrata, que nunca funcionou para as minorias".

Após séculos de integração forçada, a sociedade brasileira deve se acostumar a viver as diferenças que estão na origem de seu dinamismo. Devido às próprias questões suscitadas, o surgimento da consciência negra ajuda a esclarecer os desafios das lutas democráticas no país.

A nova face do regime militar brasileiro

FEVEREIRO DE 1981

Na altura em que o general João Baptista Figueiredo acaba de fazer uma visita oficial à França e a Portugal,[1] o regime militar brasileiro oferece ao mundo uma imagem em plena evolução. Após a anistia, que permitiu a volta dos exilados, o governo, com apoio unânime do Congresso, acaba de restaurar as eleições diretas para designar os governadores dos estados em 1982. Entretanto, o poder permanece nas mãos da burocracia civil e militar, que, nos anos recentes, amparada por um aparato repressivo que ainda persiste, golpeou brutalmente os oponentes e mergulhou o país no período mais sombrio de sua história. Enquanto a política econômica põe à prova o corpo social, a oposição popular e democrática é constantemente assediada por ameaças, ataques e julgamentos perpetrados em nome da Lei de Segurança Nacional.

É no setor econômico e social que os paradoxos são mais impressionantes. De fato, no limiar de 1981 a economia acabou de quebrar alguns de seus próprios recordes: a inflação chega a 110% ao ano e a dívida externa é de cerca de 58 bilhões de dólares. O crescimento econômico poderia exceder a taxa anual em 8%, o que está longe de ser anódino na conjuntura mundial. Oitava potência econômica, o Brasil tem 30 milhões de habitantes — um quarto da população — que vivem em condições de "miséria absoluta", segundo organizações internacionais. Esse número resume perfeitamente os desempenhos contraditórios do regime instituído pós-golpe de abril de 1964 e explica a dimensão internacional da crise brasileira.

No plano político, essa crise é polarizada em torno de dois elementos fundamentais. Antes de tudo, na perspectiva das eleições de 1982, o regime prepara uma série de medidas destinadas a distorcer, mais uma vez, o veredito das urnas. Nesse sentido, a "abertura" brasileira não tem nada a ver com o que aconteceu na Espanha. Em Madri, a oposição conseguiu concorrer às eleições após se organizar livremente e com a garantia de que assumiria o poder se os eleitores assim o decidissem. No Brasil, onde a organização de partidos e sindicatos é bastante limitada por restrições legais, as eleições, na maioria das vezes, são um jogo no qual quem perde ganha.

O que está em jogo nas consultas eleitorais não é o cerne do poder político. À frente da poderosa burocracia civil e militar que dirige o país está o presidente da República, que tem plenos poderes, de acordo com a Constituição concedida em 1969. Ele é eleito por um corpo eleitoral de cerca de seiscentos membros, formado por deputados federais, senadores e representantes dos 22 estados que compõem a federação. Conforme regras não escritas que governam o regime, quando o general que está à frente do país chega ao fim do mandato, ele cede lugar a outro general escolhido entre vinte oficiais superiores que constituem o topo da hierarquia militar.

Esses limites significam que o destino da "liberalização" tem suas cartas marcadas? De modo algum. O acontecimento mais inesperado da história recente e o fator mais decisivo no alargamento do espaço político foi o surgimento de novos agentes sociais. De fato, na década de 1970 nasceram formas inéditas de organização popular — associações de bairro, as Comunidades Eclesiais de Base (CEBs) e, acima de tudo, sindicatos combativos — que se aproximaram de entidades profissionais tradicionalmente liberais, como a Associação Brasileira de Imprensa (ABI) e a Ordem dos Advogados do Brasil (OAB). É importante destacar esse fenômeno, sobretudo num país em que os partidos políticos não têm forte tradição histórica. As orientações do regime tiveram influência da transformação desses movimentos sociais e sindicais em movimentos políticos de massa, ocorrida durante as lutas dos últimos anos.

"Enorme caldeirão"

A hierarquia militar compreendeu perfeitamente os perigos decorrentes da politização desses movimentos sociais. Em recente conferência na Escola Superior de Guerra (ESG), o general Golbery do Couto e Silva, que ocupa posição de destaque no atual governo e que, desde 1964, é considerado eminência parda do regime, tentou justificar a política do governo e tranquilizar os oficiais superiores persuadidos de que a "liberalização" já tinha ido longe demais.[2]

Depois de observar as desvantagens causadas pela forte centralização política e administrativa do país nos últimos anos, o general Golbery admite que a decisão de iniciar a "liberalização", num momento em que a situação econômica é muito ruim, pode parecer um "estranho paradoxo". Sua resposta é, no entanto, inequívoca:

> Na realidade, não temos outra opção. Períodos muito mais favoráveis não foram aproveitados anteriormente [...], não se justifica adiar ainda mais o processo de descentralização [do poder], que se tornou urgente e necessário há muito tempo [...]. Por outro lado, as pressões na direção oposta, que hoje são fortes e quase insuportáveis, voltariam a aumentar, comprometendo a resiliência de todo o sistema diante desse enorme caldeirão [...] em que se transformou o organismo nacional, após uma década e meia de crescente compressão.

Sobre a situação que prevaleceu antes da dissolução do bipartidarismo, o general Golbery é ainda mais explícito:

> As forças políticas da oposição acabariam sendo incorporadas em redes maiores, que incluiriam organizações religiosas e pararreligiosas, agregadas numa prática pastoral utopicamente restrita ao campo político, mas também associações culturais seculares, sindicatos e muitas outras entidades profissionais [...]; são essas redes e não o partido único da oposição [o MDB] que se tornaram os verdadeiros agentes do campo político.

Ele então explica o propósito da reorganização dos partidos:

> O reaparecimento dos partidos [...], legitimados, protegidos e acolhidos pelo governo, deve ressituar os partidos em seu papel original como principais atores no campo político, fazendo com que as entidades não políticas retornem [...] às suas atividades específicas [...]; menos radicalização, maior liberalização do regime e maior tolerância no governo contribuirão bastante para gerar movimentos de atomização na frente da oposição.
>
> O ressurgimento da vida partidária [...] não só reconhecida esta como legítima, mas protegida e mesmo acatada pelo próprio governo, é de esperar-se que recoloque, afinal, os partidos em seu papel original de principais atores do campo político, fazendo refluir aos leitos de suas atividades específicas aquelas muitas entidades não políticas que havia, extravasando de sua área operacional, usurpando espuriamente aquele mesmo papel como sucedâneos de partidos.[3]

As coisas, portanto, estão bem claras. Nas classes dominantes, parece não haver um acordo amplo o suficiente para tampar com firmeza o "caldeirão" social. Deve-se observar o modo realista com que o general Golbery descarta qualquer solução "economicista" e abandona todo proselitismo em relação ao progresso social que o "milagre econômico" teria produzido no Brasil. O problema é essencialmente político. Desse modo, não há outra opção senão negociar com certas forças da oposição. É o que o general Golbery ressalta: "Teremos que consolidar e, tanto quanto possível, expandir [nossas] próprias forças, mantendo sempre fragmentada a frente de oposição".

Ainda assim, seria necessário que o governo estivesse equipado com instrumentos adequados para intervir eficazmente no campo político que se abre agora. Não é esse o caso.

No primeiro momento, a reforma dos partidos, imposta pelo governo, parecia ter atingido seus objetivos: a oposição reunida em torno do MDB foi fragmentada, enquanto os parlamentares da antiga Arena permaneceram unidos no Partido Democrático Social (PDS), o novo partido do governo. No entanto, as rivalidades regionais não demoraram a deixar o PDS inoperante. Pior ainda, surgiram revoltas entre os deputados e senadores do PDS; recentemente, a aprovação de uma emenda para restabelecer certas prerrogativas do Congresso foi evitada por poucos votos. Assim, surge em Brasília um novo confronto, na medida em que alguns deputados governistas se unem à bancada da oposição para apresentar um candidato independente à presidência da Câmara. Mesmo que o governo consiga eleger o próprio candidato ao cargo, já ficou evidente que o Congresso não obedecerá às manobras do Palácio do Planalto. Tal situação aumenta os riscos para o regime, pois é preciso ter a colaboração do Congresso para adotar dispositivos eleitorais que visem reduzir a importância dos eleitores das áreas urbanas, a fim de impedir a progressão da oposição nas eleições de 1982.

A rebelião da bancada governista é motivada não tanto por uma convergência de pontos de vista com a oposição, mas sim pelo medo de alterações no sistema eleitoral. De fato, as reformas previstas pelo governo poderiam levar ao Congresso uma nova maioria de direita, mas os parlamentares governistas do Partido Social Democrático (PSD) não seriam necessariamente os mesmos.

Reagrupada a partir de agora em quatro partidos políticos, a oposição resistiu — melhor do que era esperado — à contraofensiva do regime. Por um lado, a maioria dos membros eleitos do antigo MDB pertence ao novo PMDB. Apesar das diferenças que às vezes paralisavam sua liderança, o PMDB (que acaba de realizar sua convenção nacional e elegeu Miguel Arraes, ex-governador de Pernambuco, ex-exilado, para um dos três cargos de vice-presidente do partido) conseguiu fortalecer sua presença local. Assim, enquanto o antigo MDB tinha apenas 1,5 mil sedes municipais, o PMDB já tem cerca de 2 mil.

Por sua vez, para surpresa de todos, o PT conseguiu organizar sedes em 650 municípios. Acima de tudo, o PT evitou o risco de se restringir à "aristocracia operária" do Centro-Sul e, graças ao apoio de parte do clero, penetrou nas áreas rurais — o que talvez seja um dos pontos fortes desse partido. Finalmente, o Partido Popular (PP), mais moderado, tem presença sólida nos estados do Rio de Janeiro e de Minas Gerais, enquanto o Partido Democrático Trabalhista (PDT), do ex-governador Leonel Brizola, mantém sua influência no Sul do país.

Nesta altura dos acontecimentos, em 1982 a oposição poderá eleger governadores em nove ou onze estados entre os mais populosos e mais desenvolvidos, os quais, por si sós, representam 80% do PIB do país. Tudo isso ilustra a importância dessa nova fase de "liberalização".

Um poder paralelo

Mas esses fatores dizem respeito apenas à parte mais visível da vida política. Na verdade, a evolução da situação vai depender em grande parte das decisões a serem tomadas nos setores submersos da estrutura de poder. A burocracia civil e militar compreende certo número de centros de tomada de decisão que escapam completamente dos circuitos institucionais da vida política do país.

Organismos como o Conselho de Segurança Nacional (CSN) e o Serviço Nacional de Informações (SNI) estão se tornando cada vez mais importantes na elaboração de políticas governamentais. Estreitamente submetidos à hierarquia militar, esses órgãos funcionam como verdadeiros ministérios paralelos e intervêm em todas as áreas da vida social, política e econômica. O SNI já informatizou uma quantidade considerável de dados da população brasileira e, acima de tudo, dos membros da oposição ao regime. Além disso, descobriu-se há pouco que esses órgãos intervinham ativamente na política externa do país.

No fim das contas, as Forças Armadas estão diretamente interessadas no comércio exterior: em 1980, o país exportou cerca de 500 milhões de dólares em armamentos. Da mesma forma, as empresas públicas e privadas estão exportando cada vez mais bens de equipamento e de serviços. Isso explica o papel do SNI nas negociações comerciais, especialmente quando se trata de acordos entre países, como é o caso dos países do Conselho para Assistência Econômica Mútua (Comecon), que reagrupa países comunistas da Europa Oriental, Cuba e a União das Repúblicas Socialistas Soviéticas (URSS), ou com países do Oriente Médio. Assim, importantes negociações comerciais, que incluem até mesmo o fornecimento de tecnologia nuclear, foram iniciadas entre o Brasil e o Iraque.

Em várias ocasiões, o SNI, que tem uma rede de informantes no exterior, conseguiu contornar os diplomatas brasileiros e impor suas opiniões ao chefe de Estado. A aproximação entre o Brasil e a Argentina, há alguns meses, é um bom exemplo da preeminência da comunidade empresarial e dos militares na elaboração da política externa brasileira. O surgimento desse grupo industrial-militar na esfera do comércio exterior contribui para acentuar a redistribuição do comércio brasileiro — movimento iniciado em 1974, no início da crise energética (ver tabela).

	1972-73		1977-78	
	IMPORTAÇÕES	EXPORTAÇÕES	IMPORTAÇÕES	EXPORTAÇÕES
ESTADOS UNIDOS	28,3%	20,1%	20,5%	20,2%
COMUNIDADE ECONÔMICA EUROPEIA	28,9%	36%	18,9%	30,7%
ORIENTE MÉDIO	9,7%	2,2%	24,8%	2,7%
EUROPA ORIENTAL	1,6%	5,4%	1,7%	6,4%
AMÉRICA LATINA	9,2%	10,2%	10,9%	12,5%
ÁFRICA	3%	2,6%	3,9%	4,7%
JAPÃO	7,7%	5,9%	8%	5,3%

FONTE: *ANUÁRIO ESTATÍSTICO DO BRASIL*, IBGE, 1975 E 1979

Além disso, a "militarização" da diplomacia brasileira introduz novas incertezas nas difíceis relações do governo com a comunidade bancária internacional. Sabe-se que o Brasil vai precisar de empréstimos de 15 bilhões de dólares em 1981 para cobrir o déficit da balança de pagamentos. Mesmo antes de o recente aumento das taxas de juros no mercado do eurodólar ter piorado essa situação, vários grandes bancos comerciais ocidentais "aconselharam" o governo brasileiro a se aproximar do FMI em busca de renegociação da dívida externa. No entanto, os militares e os grupos de pressão que giram em torno dos centros de decisão brasileiros se opõem radicalmente a qualquer política econômica recessiva e à intervenção do FMI. Não se descarta que o assédio dos banqueiros ocidentais e do FMI dê lugar a uma onda de nacionalismo no país; nesse caso, haveria o risco de uma oposição de esquerda completamente desarticulada, e o governo disporia assim de novos apoios para prosseguir a política autoritária.

As incertezas também pesam nas relações entre o Brasil e o novo governo norte-americano. Sem dúvida, a influência dos Estados Unidos no Brasil diminuiu bastante nos últimos anos. No entanto, a eleição de Ronald W. Reagan para a Casa Branca trouxe de volta ao primeiro plano alguns homens comprometidos nos episódios mais dolorosos da história brasileira recente. Poucos dias após a eleição de Reagan, o general Vernon Walters, ex-vice-diretor da CIA, chegou a Brasília. Pressionado por perguntas de jornalistas, ele se limitou a declarar: "A partir de agora, os aliados dos Estados Unidos serão de novo tratados como amigos". Essa declaração foi recebida com certa preocupação pela oposição brasileira. De fato, em 1964, enquanto era adido militar norte-americano no Rio de Janeiro, o general Walters pôs em prática suas tenebrosas concepções da amizade americano-brasileira participando ativamente do golpe militar que derrubou o governo constitucional e mergulhou o país na ditadura.

Tribunal internacional Lula e Walesa, mesmo combate

ABRIL DE 1981

"O Walesa brasileiro!" Foi assim que a imprensa ocidental saudou a passagem na Europa e nos Estados Unidos de Luiz Inácio da Silva — Lula —, líder dos metalúrgicos em São Paulo. Condenado com outros doze membros do sindicato por participação nas greves da primavera de 1980, ele fez uma viagem de destaque, reunindo-se com líderes políticos e sindicais, de Lech Walesa a Willy Brandt. A Polônia pesa mais que o Brasil no contexto das relações Leste-Oeste, mas é possível ressaltar algumas analogias entre Walesa e Lula.

Apesar da "liberalização", são consideráveis os riscos da atuação política e sindical no Brasil. Ameaças de intervenção estrangeira não estão na ordem do dia. Porém, aparelhos repressivos clandestinos, assassinatos, intimidações e provocações paralisam o movimento democrático. Presos e expulsos do sindicato oficial que lideravam, Lula e seus companheiros foram julgados pela Justiça Militar.

A legitimidade do regime brasileiro se baseia na busca do "desenvolvimento", objetivo ambíguo que permite a exploração descarada dos trabalhadores com o máximo respeito pelas regras do mercado. É nesse contexto que Lula e seus camaradas conseguiram reativar e renovar o movimento operário em São Paulo em meados da década de 1970. Embora Walesa tenha logo surgido como uma ameaça ao regime polonês, Lula não foi a princípio visto como inimigo por certos setores das classes dominantes.

Esse plano generoso de coligar os explorados, em um país onde as diferenças sociais e as desigualdades regionais são muito fortes, constitui tanto a força como a fraqueza desse Partido dos Trabalhadores que Lula e seus companheiros acabam de fundar. Lula é ajudado por sindicalistas, pela *intelligentsia* e por parte do clero. Mas ele não conta com apoio de toda a Igreja católica. Ao contrário do que se tem escrito, a aliança da Igreja com o movimento popular é muito recente no Brasil e é circunstancial: não tem um caráter "orgânico", como na Polônia. A hierarquia da Igreja está em desacordo com a politização das Comunidades Eclesiais de Base (CEBs); e as massas, apesar da religiosidade, não são muito católicas. Por todas essas razões, a iniciativa de criar o PT foi apreciada de maneira distinta pelas correntes de oposição.

No entanto, esse debate está sendo ultrapassado. De fato, ao atingir Lula e seus companheiros, o regime lembrou a toda a nação sua essência autoritária. Os sindicalistas do ABC Paulista foram condenados por violar a Lei de Segurança Nacional. Aqui, novamente, surgem semelhanças entre Gdansk e São Paulo. Há alguns anos, a Polônia e o Brasil, agora fortemente endividados, desfrutavam de excelente crédito internacional. Em Brasília, o governo alegou ter "expurgado" a classe trabalhadora de suas aspirações; em Varsóvia, o regime socialista afirmava ter "realizado" as aspirações dos trabalhadores. Para os banqueiros internacionais, esses dois processos eram igualmente satisfatórios: neutralizavam uma variável importante da política econômica, as reivindicações salariais. Quando as greves em Gdansk e São Paulo eclodiram, a "credibilidade" dos regimes vigentes ficou comprometida. Hoje, os burocratas da Polônia e do Brasil responsabilizam Walesa e Lula pelos problemas que dificultam as negociações da dívida de seus respectivos países.

O peso econômico e demográfico do Brasil e da Polônia, porém, permite-lhes alguma margem de manobra em seus campos geopolíticos.

Durante o encontro em Roma, há algumas semanas, Lula contou a Walesa como a imprensa conservadora de São Paulo destaca as dificuldades do Solidariedade na Polônia para atacar os trabalhadores brasileiros.

Nem Lula nem Walesa afirmam ser marxistas. Após sua viagem a alguns países da Europa e aos Estados Unidos, Lula estimou que os trabalhadores brasileiros ainda poderiam "arrancar" muito do sistema, antes de considerar uma mudança na sociedade. *Mutatis mutandis*, Walesa também parece buscar objetivos limitados.

Desde logo, essa ruptura com os esquemas ideológicos tradicionais desmascara a farsa que legitima o poder político nos dois países. Essa mesma reivindicação de estabelecer "paz social", de proteger os privilégios da burocracia e dos ricos, transparece na Polônia e no Brasil. Por isso, os que permanecem calados na Europa e nos Estados Unidos quando a Justiça Militar se abate sobre Lula e seus camaradas estão moral e politicamente desqualificados para protestar contra as agressões que visam o Solidariedade na Polônia. Hoje, Gdansk está no Brasil.

PARA O BENEFÍCIO EXCLUSIVO
DAS CLASSES PRIVILEGIADAS

Os limites do Proálcool no Brasil

JULHO DE 1981

Iniciado em 1975, o programa de uso de álcool como combustível (Programa Nacional do Álcool, Proálcool) deve levar, em 1985, à circulação de 3 milhões de carros (cerca de 30% da frota brasileira) movidos exclusivamente a álcool. Foram previstos 5 bilhões de dólares em investimentos, mas os montantes já investidos mostram que o custo total do projeto vai exceder esse valor.

Raramente um programa industrial desse porte, realizado em um país em vias de desenvolvimento, terá sido saudado com um concerto de elogios. No governo anterior, pela voz do próprio presidente Jimmy Carter, os Estados Unidos elogiaram essa iniciativa, apresentada como "resposta" dos países consumidores de petróleo à Organização dos Países Exportadores de Petróleo (Opep) e como alternativa ao desenvolvimento de uma indústria nuclear no Brasil, que Washington estava tentando evitar. Os setores nacionalistas brasileiros, por sua vez, saudaram essa "inovação tecnológica", que abriria à indústria e à tecnologia nacionais um novo nicho na produção de bens de capital. Além disso, a maioria dos grupos ecologistas apoiou essa primeira experiência de uso de biomassa em larga escala.

Cinco anos depois, quando mais de 300 mil carros rodam exclusivamente com álcool, os resultados do Proálcool apresentam nuances importantes. Primeiramente, é significativo que o governo brasileiro não tenha realizado nenhum estudo prévio sobre os possíveis efeitos gerais do Proálcool. Existem, no máximo, dados sobre a economia de divisas que esse plano deve trazer para o país, no entanto nada foi feito para medir as consequências sobre estruturas agrárias, produção agrícola, distribuição da massa salarial, disparidades regionais ou meio ambiente.

Inicialmente, várias possibilidades foram consideradas para a produção de álcool. Planejou-se a extração do etanol da cana-de-açúcar, da mandioca e do babaçu. O uso do babaçu, cuja palmeira é cultivada apenas no centro e no Norte do país, pode constituir uma vantagem significativa para as regiões pobres do interior. A escolha da mandioca também oferece várias vantagens: cultivada sobretudo em pequenas propriedades familiares, apresenta um bom teor alcoólico. Assim, enquanto uma tonelada de cana produz 65 litros de álcool, o mesmo peso de mandioca produz 80 litros.

Cana-de-açúcar, uma escolha política

A construção de pequenas destilarias de mandioca no campo poderia ter melhorado a renda de pequenos agricultores. Personalidades como dom Paulo Evaristo Arns, cardeal-arcebispo de São Paulo, eram a favor dessa iniciativa. Mas houve uma rápida desilusão quando ficou demonstrado que a política energética do regime seguia outra lógica. Foi o velho lobby dos usineiros que recebeu a parte principal dos créditos estatais: dos 309 projetos de produção de álcool atualmente aprovados pelo governo, 297 estão relacionados à cana-de-açúcar, 12 à mandioca e apenas 1 tem a ver com o babaçu.

Mediante vários subsídios públicos alocados no Proálcool, o governo passa a "socorrer" os grandes proprietários de canaviais. O renascimento das atividades dessa camada social acelera a expulsão de posseiros e de pequenos camponeses. O trabalho no canavial passa a ser cada vez mais realizado por trabalhadores sazonais que vão engrossar o subproletariado urbano. O censo demográfico de 1980 destacou o aumento significativo do número de cidades de médio porte (entre 100 mil e 500 mil habitantes) no Brasil. Agora, cercados por favelas onde os habitantes de origem rural se instalam, tais cidades enfrentam problemas sociais cuja dimensão parecia estar restrita ao Rio de Janeiro ou a São Paulo.

Essa extensão da agricultura especulativa expulsa a produção de alimentos e, assim, acentua a antiga anomalia da agricultura brasileira. Alguns estudos mostraram que a realização do Proálcool exigirá 2,5 milhões de hectares de terras cultiváveis adicionais para plantações de cana-de-açúcar, levando à supressão da produção de 1,2 milhão de toneladas de arroz, 1,2 milhão de toneladas de milho e 400 mil toneladas de feijão, itens básicos da alimentação popular.

Os especialistas do governo fingem ignorar esse problema, invocando a disponibilidade de terras e as possibilidades de melhorar a produtividade agrícola. No entanto, a terra disponível em geral está longe dos mercados consumidores, e a rede rodoviária brasileira é notoriamente insuficiente. Somente os trabalhos de irrigação e o uso de fertilizantes (setor em que a produção brasileira é muito deficitária) poderiam permitir um aumento na produtividade dos canaviais: no Brasil, um hectare produz em média 50 toneladas de cana, enquanto no Havaí produz 150 toneladas. A exploração de novas terras envolve, portanto, custos adicionais significativos para o transporte e a importação de fertilizantes.

Além disso, a produtividade agrícola depende em grande parte do fator trabalho. Ora, o Proálcool, em concordância com a filosofia do regime, baseia-se na manutenção de baixos salários rurais, como se isso fosse um dado "natural" — assim como a amenidade do clima tropical ou a extensão do território nacional. No entanto, apesar do assédio e das várias pressões a que é submetido, o movimento de sindicalização rural empreendido pela Confederação Nacional dos Trabalhadores na Agricultura (Contag) avança de forma constante. Já ocorreram greves significativas entre esses verdadeiros condenados da terra, que desde sempre suportaram o peso da acumulação capitalista na agricultura, base da riqueza brasileira.

Atualmente, o governo tenta atribuir as dificuldades econômicas do país ao aumento do preço do petróleo. Atacará também os trabalhadores rurais, que, mediante lutas salariais, podem provocar aumento no preço do álcool? Essa possibilidade não pode ser totalmente excluída na situação de autoritarismo político que prevalece no Brasil. Na realidade, o Proálcool pode promover a convergência dos interesses da alta classe média, dos patrões da indústria automobilística e dos grandes fazendeiros numa aliança *contra* os trabalhadores rurais e urbanos.

A proliferação de destilarias agrava os problemas criados pela poluição de resíduos da cana-de-açúcar, o vinhoto, que já contamina riachos e rios. Tecnicamente, parece que é possível reprocessar esses resíduos para a fabricação de fertilizantes, mas a questão ainda não está resolvida em escala nacional. A opinião pública foi recentemente alertada pelas consequências que as plantações e destilarias de Bodoquena, as maiores do mundo, localizadas em uma área de 300 mil hectares em Mato Grosso do Sul, podem ter sobre a flora e a fauna do Pantanal, um ecossistema tropical único no planeta.

Prenúncios de racionamento

Projetado para promover a expansão da indústria automobilística sem acentuar os desequilíbrios na balança comercial causados pela importação de petróleo, o Proálcool parecia ter eliminado a ameaça do racionamento de combustível — perspectiva que preocupava as multinacionais automobilísticas instaladas no país e a classe média, que apoia o regime. Agora tudo parece estar sendo questionado. Em consequência do protecionismo do sistema, o mercado de álcool é de uma rigidez extrema. Como praticamente não existe comércio internacional desse produto, a demanda depende por completo da oferta nacional. Essa relativa falta de elasticidade na oferta obriga o governo a aumentar o controle sobre os veículos que usam álcool. Pois um aumento excessivo da demanda, em especial em razão da conversão de carros a gasolina, poderia causar aumentos consideráveis no combustível. O mercado de álcool também pode ser prejudicado pelo aumento no preço do açúcar; os agricultores tenderiam a vender a safra de cana para fabricantes de açúcar, e não para produtores de álcool.

Assim, o governo poderia ser levado a limitar as exportações de açúcar e a privar-se de divisas para garantir o fornecimento de álcool aos carros brasileiros.

Foi o que aconteceu no fim de 1980, quando o preço do açúcar subiu acentuadamente nos mercados internacionais. O boletim mensal do Banco Central do Brasil destacou, em sua seção "exportações":

> O açúcar [...] registrou um aumento notável nas vendas. [...] Nos próximos meses, haverá novas oportunidades de vendas, pois o país dispõe de excedentes e poderá vender o produto aproveitando os altos preços vigentes; no entanto, desde 10 de agosto de 1980, as vendas [de açúcar] no exterior foram suspensas, como medida de precaução, para permitir o aumento da produção de álcool hidratado, substituto da gasolina. A revogação desta medida depende diretamente das consequências do conflito entre o Iraque e o Irã.[1]

Esse problema permanecerá em pauta, a menos que se construa uma gigantesca rede de estocagem de álcool e se cubra o território brasileiro com canaviais.

Observando-se o caso brasileiro, pode-se afirmar que o uso da biomassa é um mau negócio? De maneira nenhuma. As desvantagens mencionadas acima são a consequência de uma política econômica implementada por um regime autoritário em um país onde reina o capitalismo selvagem. Um programa descentralizado de produção de biomassa, incluindo uma variedade de produtos, como os resíduos de madeira, permitiria economizar divisas e ajudaria a reduzir as desigualdades sociais e disparidades regionais do país. O Brasil já exporta vários tipos de usinas de álcool, o que mostra que a tecnologia nacional é perfeitamente capaz de produzir tais equipamentos.

Sem resolver o problema, o Proálcool pelo menos adiou a crise energética, porém gerou novas dificuldades. Mas não será essa, justamente, a essência da política implementada pelo regime militar desde o golpe de 1964?

BRASIL

Dívida externa, fator de desestabilização

DEZEMBRO DE 1981

Em junho de 1980, as agências econômicas anunciaram que a taxa anual de inflação no Brasil havia ultrapassado a marca dos 100%. Desde então, o discurso dos círculos oficiais mudou consideravelmente.

Quando a inflação atingiu três dígitos, confirmou-se o que muitos observadores já haviam apontado: o governo estava perdendo o controle da política econômica. Após os anos do "milagre econômico", o Brasil entrava na "estagflação". O aumento descontrolado dos preços foi acompanhado por grave recessão e aumento do desemprego, que agora também atinge a classe média. Os números oficiais apresentados em meados de 1981 são particularmente sombrios. Em julho, o percentual de desempregados na população economicamente ativa das grandes cidades era de 7,5% em São Paulo, 8,8% em Belo Horizonte, 9,1% no Rio de Janeiro, 9,2% no Recife e 9,9% em Salvador. A produção industrial caiu 3,4% no primeiro semestre de 1981. Enquanto isso, a produção agrícola continua a aumentar, mas numa taxa muito baixa para estimular a atividade econômica. Segundo um estudo não oficial, o crescimento do PIB foi nulo no primeiro semestre, e não é impossível que em 1981 o crescimento anual se aproxime de zero.[1]

Embalada por anos de propaganda oficial exaltando o desenvolvimento, a opinião pública brasileira deparou com a recessão econômica e sua sequência de abalos sociais. Agora inevitável, a crise deverá ser usada pelo governo militar para intimidar e restringir as demandas do movimento sindical e dos segmentos da classe média que se posicionam cada vez mais na oposição à ditadura.

O regime autoritário não é o único no mundo a brandir a ameaça do aumento do desemprego e da recessão para refrear a oposição política e sindical. No entanto, o que distingue a situação brasileira é a complementaridade, ou melhor, a dialética perversa entre a estrutura política autoritária e a extrema fragilidade do tecido social.

Uma oposição mais difusa

De fato, enquanto o país se vê em uma delicada operação de "liberalização sob controle", e a oposição democrática e popular, apesar de todas as pressões, joga o jogo eleitoral, a recessão agrava a situação e traz a ameaça de explosões sociais descontroladas que podem abrir caminho para um novo endurecimento político.

Para além das divisões ideológicas, as forças da oposição estão preocupadas com o agravamento dos problemas urbanos e rurais, enquanto os espaços de liberdade que o movimento popular conseguiu preservar nos últimos anos vêm sendo reduzidos pela burocracia militar e civil. Em agosto, a opinião pública viu com preocupação as violentas manifestações na Bahia, causadas pelo aumento do preço do transporte público. Ao mesmo tempo, centenas de desfavorecidos invadiram latifúndios na Amazônia e loteamentos na cidade de São Paulo. Consciente da precariedade política, a oposição evitou o agravamento da situação, e, graças à mediação da Igreja, foram encontradas soluções provisórias para esses conflitos.

Algumas semanas depois, o país teve um novo sobressalto, quando o chefe de Estado, o general João Baptista Figueiredo, teve de deixar temporariamente a Presidência em razão de uma doença cardíaca. Os chefes militares, descontentes com a atual "cobertura política", iriam aproveitar a oportunidade para realizar um golpe que mergulharia o país de novo num ciclo de violência? Entretanto, a vacância no poder não parece ter trazido mudanças significativas. Aureliano Chaves, o vice-presidente e atual presidente interino, primeiro civil a exercer a Presidência desde 1964, está em perfeita sintonia com os atuais governantes.

Na verdade, é difícil ver qual alternativa as correntes mais duras da hierarquia militar poderiam oferecer para substituir a política de procrastinação do general Figueiredo. Salvo o desencadeamento de uma repressão generalizada, de proporções inéditas, as aspirações democráticas da nação não podem mais ser abafadas por um simples golpe militar. Desta vez, ao contrário do que aconteceu em 1964, os novos golpistas não enfrentariam apenas os elementos "subversivos", mas também a Igreja e um combativo movimento sindical, que tem importantes bases rurais e urbanas, e ainda um segmento considerável da classe média.[2]

O equilíbrio instável que se estabeleceu entre a natureza explosiva dos problemas sociais e os altos custos políticos de uma "reordenação" autoritária da sociedade explica, em parte, a inércia que domina a vida política.

O desespero dos menos favorecidos e o reflexo repressivo das classes dominantes não são, porém, os únicos "focos de irracionalidade" que desestabilizam o país. Na fronteira da política nacional e internacional, outro fator projeta efeitos nocivos para toda a sociedade: a dívida externa.

Proporções aberrantes

Tornou-se comum observar o crescente endividamento de certos países do Terceiro Mundo na comunidade bancária internacional. No entanto, no Brasil, o fenômeno assumiu proporções que devem ser descritas como aberrantes.

A dívida atingiu 54 bilhões de dólares no fim de 1980, dos quais cerca de 26 bilhões deverão ser pagos até o fim de 1984. Já se sabia que a maioria dos empréstimos feitos no exterior não se destinava a investimentos. Esses dados foram corroborados recentemente por um especialista, ex-membro do FMI, que estimou que a fração da dívida externa brasileira diretamente relacionada a projetos "com impacto positivo no desenvolvimento do país" representa apenas 7 bilhões de dólares, ou seja, 13% do total. O restante se destina a financiar o déficit na balança de pagamentos, que se avoluma à medida que se acentuam as transferências realizadas para garantir o serviço anual da dívida (juros mais amortização).[3] Assim, o país aumenta a dívida para poder reembolsar os empréstimos contratados antecipadamente. E esse é apenas o primeiro paradoxo.

O aumento das taxas de juros nos Estados Unidos afetou bastante a economia. Por um lado, a elevação dos juros aumenta os custos financeiros de formação e retenção de estoques de matérias-primas, o que dificulta o comércio exterior. Atualmente, as exportações de café, algodão e soja já estão sob o impacto negativo dessas flutuações financeiras.

Em paralelo, e isso é muito mais grave, o aumento nas taxas de juros faz subir o serviço da dívida externa, que é vinculado na proporção de 60% a taxas de juros flutuantes. Em relatório recente, o Banco Mundial mostrou que "altos encargos da dívida externa aumentam a vulnerabilidade do Brasil aos choques cambiais e ao aumento mais lento da demanda por seus produtos de exportação".[4] Cada vez que a taxa de juros do eurodólar sobe 1% em Londres, a dívida brasileira aumenta em 500 milhões de dólares. Usando outro elemento de comparação, também é possível observar que cada aumento de 1% nas taxas de juros do eurodólar corresponde a um aumento de 4% no preço do petróleo no Brasil.[5] Assim, é compreensível que alguns líderes brasileiros tenham corroborado a análise de Claude Cheysson, ministro dos Negócios Estrangeiros da França, que comparou o atual aumento das taxas de juros nos EUA a um "terceiro choque do petróleo".[6]

Os juros que o Brasil paga pela dívida externa correspondem à taxa interbancária oferecida em Londres sobre depósitos em eurodólares (Libor), aos quais é adicionada uma taxa de risco (*spread*) que varia de acordo com a situação econômica e política de cada Estado. Desse modo, nas discussões sobre a concessão de cada nova parcela de empréstimo há uma renegociação de parte da dívida brasileira, na qual os banqueiros internacionais cobram muito caro os riscos, reais ou supostos, que pesam sobre a economia do país. À medida que a dívida externa aumenta, o governo deve, portanto, modificar a sua política econômica para responder às premissas dos grandes bancos comerciais sobre o desenvolvimento social e econômico do Brasil. Nessas circunstâncias, o ex-ministro do Planejamento brasileiro Celso Furtado afirmou: "É a dívida externa que administra o Brasil, e não o contrário".

Por isso, é difícil entender por que os contratos especulativos dos grandes bancos comerciais com os países do Terceiro Mundo podem servir de referência para exaltar as virtudes do sistema bancário privado quando se debate a nacionalização dos bancos na França:

> Os eurobanqueiros, que, nos últimos dez anos, assumiram mais riscos do que os governos dos principais países ocidentais ou as organizações internacionais criadas para financiar o desenvolvimento do Terceiro Mundo, ficam surpresos com as palavras do governo francês, quando ele tenta justificar a nacionalização dos bancos para reintroduzir precisamente o conceito de risco nesse setor.[7]

Esse raciocínio pressupõe que os riscos assumidos por um banqueiro que concede empréstimos a empresas (área de referência da nova política bancária do governo socialista francês) são semelhantes aos que envolvem empréstimos a países do Terceiro Mundo. No entanto, parece óbvio que uma empresa que apresente um perfil financeiro semelhante ao do Estado brasileiro seria imediatamente forçada a declarar falência. Na realidade, o que torna a situação brasileira e a dos outros países devedores tão complexas é que a dívida ainda pode continuar — à custa, é verdade, da soberania nacional e do bem-estar da população presente e futura de tais países.

G.A. Costanzo, vice-presidente do conselho de administração do Citibank, afirmou: "Na hipótese de que o Brasil suspenda seus pagamentos da dívida, é necessário recordar-se que um país não é como uma empresa que pede falência e desaparece. O Brasil sempre estará lá".[8] Mas o torniquete financeiro que os grandes bancos teceram em torno do Estado brasileiro já está estrangulando o país. Hoje, vários economistas da oposição consideram que o ônus imposto pelas taxas de juros da dívida negociadas nos principais centros financeiros é tamanho que o país deve se aproximar do FMI para ter melhores condições de se preparar para uma inevitável renegociação global da dívida externa. Dada a sua influência entre as nações do Terceiro Mundo e, sobretudo, o peso de sua dívida externa, o Brasil teria alguns trunfos nessas negociações.

Essas análises não estão longe das conclusões do relatório sobre as relações entre os Estados Unidos e o Brasil, publicado no início de 1981.

Preparado por uma comissão de 25 especialistas norte-americanos, sob a direção de William Rogers, ex-subsecretário de Assuntos Econômicos do presidente Gerald Ford, o relatório também se preocupava com a dívida externa do Brasil. A comissão observou ali que "era necessário buscar soluções [...] baseadas em financiamento externo mais seguro e capaz de dar ao Brasil, a longo prazo, a indispensável margem de manobra para reestruturar sua economia, diante dos novos custos [dos produtos] energéticos e das crescentes reivindicações sociais". Em suas conclusões, os comissários apelaram ao governo dos Estados Unidos "para assumir um papel importante nesse sentido" e recomendaram, em particular, as seguintes medidas:

> Apoio à extensão da participação do Banco Mundial e do FMI na reciclagem de petrodólares.
>
> Determinação para garantir que essas instituições e outros bancos de desenvolvimento estejam atentos aos objetivos sociais e às necessidades humanas básicas na elaboração e implementação de programas de estabilização e outros projetos de longo prazo.
>
> Aprovação de dotações no Congresso que permitam aos Estados Unidos manter os atuais compromissos com os bancos de desenvolvimento e o reconhecimento de que é necessário expandir os recursos dessas instituições.[9]

Mas a política seguida pelo governo Ronald W. Reagan parece estar em desacordo com esses objetivos.

Discriminação norte-americana?

A política tarifária dos EUA tornou-se mais restritiva para as importações de produtos manufaturados do Brasil. Por isso, o ministro da Indústria protestou recentemente contra "a discriminação norte-americana, que põe em risco os esforços brasileiros para superar a crise".[10]

Acrescente-se que, de acordo com as recomendações de Donald Thomas Regan, secretário do Tesouro dos EUA, os representantes norte-americanos querem restringir as atividades do Banco Mundial e do FMI em países do Terceiro Mundo. M.A.W. Clausen, o novo presidente do Banco Mundial, acaba de alertar o governo brasileiro que em dois a três anos os empréstimos da instituição no país serão suprimidos. Para ele, isso não é má notícia, pelo contrário: o Brasil já teria atravessado uma nova etapa na via do desenvolvimento econômico e, por isso, não precisaria mais de empréstimos do Banco Mundial.

O governo brasileiro teve então que admitir que os dados sobre o crescimento do PIB, orgulhosamente apresentados em fóruns internacionais, ocultam realidades mais sombrias. Na verdade, o país utiliza fundos de cerca de 800 milhões de dólares que lhe são concedidos anualmente pelo Banco Mundial. A vantagem desses empréstimos reside não tanto em seu valor — eles representavam apenas 5,8% do total de empréstimos contratados em 1980 —, mas nas condições que os regem. A taxa de juros é de apenas 11%, enquanto os grandes bancos comerciais cobram o dobro. Esse aporte possibilitou o financiamento de barragens hidrelétricas, programas de saúde urbana, projetos de irrigação nas regiões secas do Nordeste e a construção de escolas nas regiões mais pobres. Sem o financiamento do Banco Mundial, o governo terá que usar créditos próprios para continuar esse tipo de política pública, uma vez que os bancos comerciais não estão interessados em projetos sociais, cujos lucros são aleatórios ou nulos.

Mas o Brasil não é o único país alvo da nova política de Washington. Donald Regan já declarou que seu país gostaria de reconsiderar o projeto do FMI que visa conceder à Índia um empréstimo de 5,6 bilhões de dólares. Assim, enquanto a crise econômica global exacerba a situação crítica dos países do Terceiro Mundo, fortemente endividados com a comunidade bancária internacional, o governo Reagan reduz a margem de manobra desses países, correndo o risco de desencadear formas exacerbadas de nacionalismo que consolidariam as correntes autoritárias. O movimento democrático desses países sofreria o peso dessa evolução. Mas não é certo, desta vez, que os Estados Unidos sejam os principais beneficiários internacionais dessa eventual mudança.

A oposição tem certeza de que vencerá as eleições no Brasil

NOVEMBRO DE 1982

Desde 1964, a ditadura militar detém firmemente as rédeas do poder no Brasil, e os eleitores devem votar em 15 de novembro num clima de severa crise econômica e tensão social. No entanto, essas eleições devem marcar uma etapa importante na vida política, apesar das leis e dos regulamentos implementados para entravar a oposição ao regime.

Pela primeira vez desde 1965, os governadores serão eleitos por voto direto nos 22 estados da Federação.[1] Ao mesmo tempo, serão realizadas eleições para o Poder Legislativo federal, estadual e municipal. A anistia, que permitiu o retorno dos exilados, e a remissão de penas, que libertou prisioneiros políticos, abriram caminho para que líderes políticos, ativistas e sindicalistas até então proscritos pela ditadura pudessem participar das eleições. Levantando diversos desafios, as eleições de 15 de novembro contrastam fortemente com as anteriores.

Após a supressão do sistema bipartidário em 1979, vários partidos foram autorizados a se constituir. Cinco estão em disputa, mas apenas dois dispõem de representatividade nacional: o PDS, o partido do governo, e o PMDB, que reúne a maioria dos representantes eleitos do antigo MDB, único partido de oposição até 1979. Os outros três partidos recrutam a maioria de seus membros nos estados do Sul e do Centro-Oeste do país. Presente em São Paulo e no Rio de Janeiro, o PTB reúne políticos populistas próximos ao regime, que receberam a sigla do grande partido trabalhista de Getúlio Vargas e João Goulart. Forte no Rio de Janeiro, o PDT reúne ex-trabalhistas em torno de Leonel Brizola e tem boa implantação no Rio Grande do Sul, reduto tradicional do varguismo. Fundado por sindicalistas, militantes da esquerda católica e intelectuais, o PT busca dar voz aos trabalhadores urbanos e rurais. Apesar do progresso em alguns estados, ele está enraizado sobretudo em São Paulo, onde se concentram os sindicalistas e intelectuais que o inspiraram.

Pouco antes da proibição da propaganda eleitoral de rádio e TV, pesquisas realizadas em 21 dos 23 estados, mostraram que as preferências dos eleitores eram distribuídas da seguinte forma: PDS, 33%; PMDB, 30%; PT, 5%; PTB, 4% e PDT, 2%. Mas 26% dos eleitores ainda não fizeram sua escolha.[2] Essas porcentagens, no entanto, não expressam o verdadeiro equilíbrio de poder em nível nacional, uma vez que a oposição lidera nos estados mais importantes do país.

Partido ou frente política?

Com o aparecimento de três novos partidos, o PMDB perdeu parte da legitimidade que lhe era assegurada quando seus membros, eleitos sob a sigla do MDB, representavam toda a oposição, como nas eleições de 1974 e 1978. Consequentemente, esse partido se viu às voltas com uma contradição ainda não resolvida: será preciso elaborar uma estrutura ideológica para organizar uma formação partidária nacional, agrupada em torno de uma liderança homogênea, ou o PMDB deve continuar numa prática "frentista", reunindo todos os setores que se opõem ao regime? Um partido nacional ou uma frente política? Uma vez que somente os cargos executivos estaduais, agora submetidos ao voto direto, podem ganhar outra orientação partidária nas próximas eleições, a ação política se concentrou em questões regionais e querelas de lideranças. Cada diretório estadual seguiu uma estratégia própria, e assim o PMDB gradualmente assumiu o papel de uma frente eleitoral heterogênea, sobretudo porque o PT atraiu parte de seus militantes mais combativos. Se o diretório do PMDB de São Paulo teve o reflexo de recusar a adesão de uma personalidade tão ambígua como o ex-presidente Jânio Quadros, o de Pernambuco aceitou a adesão de Cid Sampaio, político de direita que, por divergências no seu próprio campo, viu-se temporariamente empurrado para a oposição. Esse padrão ocorreu na maioria dos estados.

O eleitorado de oposição seguirá a liderança do PMDB em sua política de alianças eleitorais indiscriminadas? Se a questão ainda está de pé em Pernambuco e Minas Gerais, já está ultrapassada no Rio de Janeiro,[3] onde a estratégia "frentista" do PMDB já encontrou seus limites. Reduto tradicional da oposição democrática e popular, o Rio de Janeiro foi assolado pela equipe do atual governador Chagas Freitas, que, após muitas reviravoltas, embarcou no PMDB. Assim, seu herdeiro político, Miro Teixeira, tornou-se candidato do PMDB ao cargo de governador. No entanto, o início da campanha eleitoral no Rio de Janeiro mostrou que a opinião não era favorável ao candidato de Chagas Freitas, e o PMDB, representado por Teixeira, teve a sua imagem comprometida. Em princípio, essa dupla recusa favoreceu o candidato populista de direita do PTB. Mas as preferências se voltaram para Brizola, do PDT, que apareceu como o único candidato que se opunha ao autoritarismo do poder central. Cativado pelos discursos de Brizola, o eleitorado do Rio de Janeiro se prepara para garantir o triunfo do líder do PDT. No entanto, a tarefa dele não será fácil: adversário do governo federal, Brizola também estará em minoria na Assembleia Legislativa, onde o PDT carece de estruturas sólidas para efetivamente dar apoio à atuação de seu líder. Acrescente-se que o Rio de Janeiro — onde a criminalidade endêmica assume contornos de guerra social — está praticamente falido. Deterioradas, as receitas tributárias do estado estão 80% comprometidas com o pagamento de funcionários e encargos da administração estadual.

Se o sentido político da vitória de Brizola corre o risco de ser prejudicado por essas restrições, o valor simbólico dessa eleição terá um significado bem diferente. Na realidade, para os militares que derrubaram o governo constitucional de João Goulart em 1964 o impacto será severo. Embora afirmassem ter expurgado o país da "subversão", após dezoito anos de uma administração sempre autoritária e muitas vezes brutal, eis que os ex-líderes da esquerda se preparam para de novo se tornarem representantes da nação. É o caso de Brizola, no Rio de Janeiro, de Miguel Arraes, que provavelmente será um dos deputados federais mais votados em Pernambuco, e também de Waldir Pires, que estará no Senado como representante da Bahia, além de dezenas de exilados e ativistas de todo o país que serão eleitos nas prefeituras, nas Assembleias Legislativas e no Congresso Nacional.

Entretanto, o essencial se situa em outras instâncias. A dimensão real da mudança no equilíbrio de poder que vai ocorrer no país depois das eleições aparecerá com a vitória da oposição em São Paulo. Ao contrário do Rio de Janeiro, São Paulo — com metade do PIB do Brasil — é um estado poderoso e autoconfiante. A provável chegada de Franco Montoro, candidato do PMDB, ao comando do estado proporcionará ao partido uma base econômica, política e cultural considerável. Sobretudo porque o PMDB, praticamente certo de ganhar os governos de Paraná, Goiás, Amazonas, Rio Grande do Norte e Mato Grosso do Sul, também está bem posicionado no Rio Grande do Sul, em Minas Gerais e Pernambuco. É evidente que a burocracia militar e civil — que controla a administração federal, o setor público e, acima de tudo, a força e os meios de coerção — sempre poderá fazer prevalecer os seus interesses sobre os dos parlamentares e governadores da oposição. Mas o evidente contraste entre a legitimidade dos governadores da oposição, eleitos por voto universal, e o arbítrio que compromete os fundamentos e a ação do poder central terá consequências decisivas para o futuro da democracia no Brasil, que tem bases frágeis. Uma ilustração flagrante dessa fragilidade transpareceu no acordo tácito de todos os partidos para abafar o debate sobre o voto dos analfabetos.

Na realidade, são incertas as consequências eleitorais da integração dos 17 milhões de analfabetos em idade de votar, o que incitou os partidos da oposição a serem cautelosos quando o tema foi levantado durante a campanha eleitoral. A situação de infracidadania à qual esses brasileiros são relegados se mostra ainda mais tirânica quando se considera que o país é atravessado por redes de rádio e televisão, o que torna inaceitável o argumento de que os analfabetos não conseguem se informar sobre o debate político. Abstendo-se de realizar uma campanha clara e vigorosa a favor do voto dos analfabetos, a oposição democrática e popular faz um cálculo muito desavisado.

Na verdade, o autoritarismo se perpetua no país porque existe um consenso entre as elites e a classe média quanto à exclusão do eleitorado de certos setores da sociedade. Assentir com essa discriminação que separa cidadãos de não cidadãos justifica o autoritarismo. Como existem no país camadas sociais "não civilizadas", que não podem ascender à cidadania plena, deve-se "civilizá-las". "Civilizar" o povo brasileiro é a tarefa histórica que a burocracia civil e militar sempre apresentou para remover as oligarquias tradicionais do poder e legitimar seu próprio domínio.

Nesse contexto, a Conferência Nacional dos Bispos do Brasil (CNBB) expressou sua posição em um documento recente:

> O resultado das eleições não será consolidado sem o combate à injustiça social. Esta não é apenas uma das causas da violência, é a injustiça social que constitui a forma mais perversa de violência, porque compromete a vida democrática pelo escândalo da corrupção de uma minoria às custas do sofrimento e da humilhação da grande maioria [da população].[4]

O problema da dívida externa

O clima político se tornou ainda mais pesado por causa do problema da dívida externa. Escaldados pelo atraso de pagamentos registrados em países como Argentina, México, Equador e Venezuela — para citar apenas latino-americanos —, os banqueiros internacionais estão acompanhando de perto a situação brasileira. Com dívida externa de 75 bilhões de dólares, a segunda no mundo depois da mexicana, o Brasil, como muitos outros países, é duramente atingido pelo aumento das taxas de juros no mercado do eurodólar. Desde meados de 1979, as somas que o país pagou aos grandes bancos como juros da dívida excederam a amortização do principal. Para 1982, os valores representam respectivamente 10 bilhões de dólares e 7 bilhões de dólares. Todas as negociações em relação à dívida externa são adiadas, à espera da difícil disputa entre o FMI e o governo do México. Ou o FMI consegue impor seu ponto de vista e os grandes bancos endossarão o plano de reciclagem da dívida externa mexicana, ou o litígio continua após o final de novembro — prazo derradeiro concedido pelos credores do México —, provocando fortes reações preventivas na comunidade bancária internacional. O Brasil estará então na linha de frente do confronto que não deixará de ocorrer entre os grandes bancos e os países devedores. Tanto no campo eleitoral quanto no plano financeiro, os prazos de novembro serão decisivos para o país.

Um poder mais estabelecido diante de uma oposição mais forte

JANEIRO DE 1983

A votação de 15 de novembro de 1982 mostrou que a vida política estava menos radicalizada do que parecia. Mesmo antes do escrutínio, as pesquisas mostraram que a composição social do eleitorado é substancialmente idêntica nos dois principais partidos — o PDS, do governo, e o PMDB, da oposição.

Tendo conquistado cerca de 60% dos votos nacionais, 41,6% das cadeiras na Câmara dos Deputados, 35% das prefeituras e 9 postos de governador de estado, o PMDB parece o grande vencedor. Os estados que o partido vai governar, incluindo São Paulo e Rio de Janeiro, representam sozinhos 75% do PIB, 60% do território brasileiro, 58% da população e 54% das universidades.

O fracasso do PT

Apesar dos contratempos, o partido do governo mantém a maioria no colégio eleitoral restrito, que elegerá o novo presidente da República em 1985. Efetivamente, se o PMDB e o PDT prevaleceram nos principais estados, o PDS, partido do governo, conseguiu assegurar o Rio Grande do Sul e Santa Catarina, importantes regiões agroindustriais do Sul, assim como todos os estados do Nordeste. Além disso, o PDS conseguiu renovar sua imagem na região Nordeste, elegendo alguns governadores jovens e competentes que, diferentemente dos antecessores, foram eleitos pelo voto universal. Mesmo que o apoio do governo ainda repouse sobre as oligarquias que dominam esses estados, os novos líderes poderão, graças aos créditos federais, modernizar a região e dar novas bases ao PDS. Desse modo, o partido está longe de ficar paralisado pela inércia política que atravancou a Arena, a antiga legenda do governo.

Note-se ainda que o novo PMDB deixa de ser apenas um fórum de propostas políticas. Ele agora dirige importantes estados e cidades, onde seus eleitos serão confrontados com tarefas de gestão. Esses riscos se tornam particularmente árduos em razão da crise econômica e da hostilidade do governo federal. Provavelmente, a tendência do PMDB à moderação será acentuada pelo fracasso eleitoral do PT, que constituiria uma força de apoio à esquerda. Enquanto as primeiras previsões lhe davam cerca de trinta deputados federais, o PT conseguiu eleger apenas oito ou dez de seus candidatos para a Câmara dos Deputados. Pior ainda, o PT continua minoritário nas cidades operárias de São Paulo, a partir de onde seus principais líderes conquistaram notoriedade nacional ao organizar movimentos poderosos de reivindicação.

Tudo indica que o PT cometeu um grave erro de análise. Subestimando tanto as dificuldades de uma campanha nacional em um país socialmente muito diferenciado quanto as restrições da legislação eleitoral imposta pelo regime, seus líderes queriam apresentar o PT como um "partido de classe", que estava acima das demais organizações políticas. Contando com o apoio de parte do clero, os candidatos petistas criticaram todas as composições da "política politiqueira", atacando duramente o PMDB. Um bom exemplo da contradição entre a estratégia generosa, mas irrealista, do PT e as inflexões de suas táticas eleitorais aparece na escolha dos candidatos do partido. Negligenciando a opinião de seus melhores analistas, a liderança do PT apresentou seus principais líderes, como Luiz Inácio da Silva, o Lula, em São Paulo, e Olívio Dutra, no Rio Grande do Sul, para a candidatura a governador. No entanto, todos os dados disponíveis mostravam que os dois líderes seriam derrotados na disputa por esse cargo, embora pudessem ser eleitos com facilidade para a Câmara dos Deputados. Essa falta de preparação, às vezes marcada por certo sectarismo, diminui a influência de importantes líderes do movimento operário: dissociados das atividades sindicais, eles permanecem sem mandato.

Por enquanto, o PT não está em condições de constituir a força de esquerda nacional apta a estruturar ideologicamente a oposição brasileira. O PDT poderia desempenhar esse papel?

A despeito do sucesso no Rio de Janeiro, o PDT elegeu representantes nacionais apenas nesse estado e no Rio Grande do Sul. Mais grave ainda: o PDT é praticamente inexistente em São Paulo, o coração industrial do Brasil. A falta de penetração do partido nos setores organizados do movimento operário e sindical limita de saída o escopo do "novo trabalhismo" que Brizola pretende implementar no país.

"Vitórias da democracia"

A evolução da situação política vai depender, portanto, em grande parte, das orientações definidas no próprio PMDB. Atualmente, esse partido tem dois centros de decisão distintos. O primeiro, com seus nove governadores estaduais, segue a linha moderada defendida por Tancredo Neves, o novo governador de Minas Gerais. O segundo — formado pela executiva nacional do partido, onde se situam membros eleitos, como Miguel Arraes, deputado federal por Pernambuco, ou Fernando Henrique Cardoso, senador por São Paulo — defende posições claramente mais combativas. De modo geral, o sistema federal e a dinâmica das instituições devem levar a primeira linha a prevalecer sobre a segunda. Enraizado nos municípios e nos estados mais desenvolvidos, o PMDB sem dúvida se fortaleceu. Provavelmente, também será mais moderado.

Em resumo, os resultados das eleições mostram que, graças a artifícios legais, certa dose de fraude eleitoral e à ameaça constante de uso da violência, para as forças conservadoras permanece viável o mapa da transição gradual para a institucionalização da ditadura.

Talvez tenham sido essas constatações que levaram o presidente João Figueiredo a afirmar aos oficiais superiores, inquietos com o resultado das eleições: "As vitórias eleitorais do governo e da oposição são vitórias da democracia". Na verdade, os riscos que poderiam pesar nessa democracia revista e corrigida pelo general Figueiredo estão mais relacionados à pressão exercida sobre o governo e sobre o país como um todo pelas dificuldades econômicas e financeiras, e menos ao atual equilíbrio interno de forças resultante das eleições.

POR OCASIÃO DE UMA FALÊNCIA FINANCEIRA

A economia brasileira sob custódia?

JANEIRO DE 1983

A contagem dos votos das eleições de 15 de novembro de 1982 ainda não havia terminado quando o presidente Ronald W. Reagan chegou a Brasília para uma visita oficial de três dias. Ao mesmo tempo, o governo brasileiro anunciou que recorreria ao FMI para cumprir as obrigações da dívida externa. Apesar dos esforços dos diplomatas, a opinião pública não pôde deixar de estabelecer um nexo entre esses dois eventos.

Desde a chegada, o presidente Reagan quis tranquilizar os líderes brasileiros, mas também a comunidade bancária internacional, com a declaração: "Gerenciar a economia brasileira em um período de dificuldades econômicas que afetam o mundo inteiro mostra que os nossos problemas atuais podem ser resolvidos". A afirmação pretendia ser lisonjeira aos brasileiros, mas assumiu um sentido dramático no momento em que funcionários do FMI se preparavam para administrar grandes segmentos da economia nacional, fornecendo assim uma evidência flagrante de desamparo e da incompetência dos líderes brasileiros.

Poucas horas depois, o presidente dos EUA ainda surpreendeu os interlocutores ao anunciar que Washington concederia um empréstimo de 1,2 bilhão de dólares ao Brasil. O governo brasileiro teve então de admitir que esse empréstimo já havia sido concedido em setembro e que fora todo gasto com o pagamento do serviço da dívida externa. Até então a operação havia sido mantida em segredo para impedir que o país oferecesse uma "prova de fraqueza" à comunidade bancária.

Porém, após a partida de Ronald Reagan o novo curso das relações entre o Brasil e os Estados Unidos assumiu seu pleno significado. A delegação norte-americana articulou cinco comissões mistas EUA-Brasil de considerável importância. Ofuscado pela inundação de anedotas provocadas por certas declarações do presidente Reagan, o estabelecimento dessas comissões traz diversas consequências para as relações entre os dois países nos próximos anos.

A primeira comissão mista diz respeito à cooperação industrial-militar. Washington estará disposto a intensificar a transferência de tecnologia militar, incluindo a fabricação de motores para jatos F-5E, desde que o Brasil "discipline" suas vendas de armas no exterior. Objetivo principal: suspender as entregas de tanques brasileiros para a Líbia. Esse setor industrial brasileiro é particularmente sensível à burocracia militar e civil que governa o país. Em 1982, as exportações brasileiras de armas, produzidas principalmente por estatais, representam 700 milhões de dólares. É duvidoso que os generais brasileiros sigam as sugestões norte-americanas nesse campo.

A segunda comissão se ocupa da cooperação nuclear com os Estados Unidos. Mais uma vez, os interesses em jogo são contraditórios. Os norte-americanos gostariam que o Brasil aderisse ao Tratado de Não Proliferação de Armas Nucleares (TNP), mas a hierarquia militar e os diplomatas brasileiros se opõem à adesão. No entanto, Brasília quer que os EUA aumentem as entregas de urânio enriquecido para a usina nuclear Angra I, construída pela empresa norte-americana Westinghouse.

A terceira comissão mista, que organiza a cooperação espacial entre os dois países, está mais no campo do pitoresco: trata da escolha do astronauta brasileiro que deve participar do próximo voo norte-americano para o espaço.

Responsável pela cooperação científica e tecnológica, a quarta comissão deve examinar o contencioso no âmbito da informática. Para construir uma indústria nacional de microcomputadores, o governo brasileiro praticamente proibiu a importação de produtos similares, protegendo da concorrência estrangeira o potencial mercado nacional multimilionário. Durante sua visita, o presidente Reagan fez alusão direta a esse problema, condenando as barreiras tarifárias que impedem as exportações dos EUA.

Por fim, a quinta comissão mista terá uma tarefa igualmente delicada, pois deve lidar com a cooperação econômica. Os Estados Unidos querem que o Brasil reduza uma série de auxílios e incentivos fiscais destinados às exportações agrícolas do país, que compete diretamente com a produção norte-americana nos mercados internacionais.

Para os brasileiros, a instalação dessas comissões mistas lembra desagradavelmente os anos do pós-guerra, quando instituições similares governavam a política e a diplomacia do país. É provável, contudo, que a posição dos negociadores nacionais nesses novos órgãos seja ainda mais fraca hoje do que no rescaldo da Segunda Guerra Mundial. De fato, independentemente da ação do FMI, a dívida externa oferece aos EUA meios eficazes de pressão. Assim, em dezembro de 1982, soube-se que o Banco do Brasil, principal instituição de crédito do país, não havia conseguido honrar suas dívidas em Nova York. A insolvência só foi evitada com a concessão de um empréstimo de emergência dos bancos norte-americanos, com garantias do governo dos EUA. Pouco a pouco, ficou claro que os empréstimos de curto prazo do Brasil (90 a 180 dias) haviam sido seriamente subestimados pelas autoridades brasileiras. Tudo parece indicar que a dívida externa está próxima de 90 bilhões de dólares, 10 bilhões a mais do que indicam os números oficiais. O Brasil estaria, portanto, na vanguarda dos países devedores, à frente do México. Além disso, os montantes vertiginosos que devem ser pagos aos bancos comerciais levam o Banco do Brasil a recorrer intermitentemente aos bancos e às autoridades americanas. Essa notícia perturbadora vazou quando a delegação do FMI terminava de verificar as contas nacionais, com vistas a um empréstimo de 6 bilhões de dólares que, em troca de medidas draconianas, restauraria o fluxo de empréstimos bancários comerciais ao Brasil.

A intervenção do FMI é a consequência previsível — e prevista — de uma política econômica que, desde o primeiro choque petrolífero de 1973, é praticada de maneira inconsequente, com a cumplicidade generosa dos banqueiros internacionais. Em um livro impactante, que se tornou best-seller no Brasil, o economista Celso Furtado demonstrou a cadeia de eventos que levaram o país a ceder aos grandes banqueiros ocidentais.[1]

Com dados e cifras, era possível escrever, em dezembro de 1981:

> Vários economistas da oposição acreditam que o ônus imposto pelas taxas de juros negociadas nos principais centros financeiros é tal que, nesta altura, o país deve se aproximar do FMI para se preparar para melhores condições da inevitável renegociação global de sua dívida externa. Dada a sua influência entre as nações do Terceiro Mundo e, sobretudo, o peso de sua dívida externa, o Brasil teria alguns trunfos nessas negociações.[2]

Diante dessa possibilidade, o ministro do Planejamento, Delfim Netto, declarou em outubro de 1982 que o Brasil não precisava engolir o "purgante" que o FMI administrou ao México.[3] Não obstante, o Brasil se submete hoje ao FMI numa situação bem mais difícil que a do México.

O preço a pagar

Aparentemente, a "carta de intenções" a ser assinada entre Brasília e o FMI trata de três pontos. O governo brasileiro deve reduzir o déficit do setor público, remover os subsídios à agricultura e modificar sua política salarial. Esses requisitos acarretam pesadas consequências. Reduzir o déficit do setor público retardará ainda mais a atividade econômica no país, levando a inúmeras falências e ao aumento do desemprego. A supressão dos subsídios agrícolas causará uma crise sem precedentes no setor agroindustrial. Por fim, a atual política salarial, que prevê aumentos semestrais de recuperação do poder de compra, foi a principal conquista das greves dos trabalhadores nos centros industriais no fim da década de 1970. A eliminação dessa vantagem relativa, em um país onde a inflação se aproxima da taxa de 100% ao ano, não deixará de aumentar as tensões sociais.

Depois de ter diminuído 2% em 1981, o PIB deverá se estagnar durante 1982. Para 1983, os especialistas preveem uma nova queda, de 4%.

Porém, pelo simples movimento de crescimento demográfico, aumenta em 3% ao ano o número de pessoas que entram no mercado de trabalho. É compreensível, nessas condições, que, apesar das injunções do FMI, os grandes bancos privados ocidentais continuem relutantes em relação ao Brasil. O governo brasileiro poderia, portanto, solicitar a moratória da dívida externa. Após a inadimplência do México, essa medida colocaria seriamente em risco a comunidade financeira internacional e, em particular, os bancos norte-americanos, que detêm a maior parte da dívida mexicana e 60% da dívida brasileira.

A "liberalização sob controle", inaugurada em 1974 pelo regime militar, conhecerá a hora da verdade nos próximos meses. Desde já, a oposição, legitimada pela recente votação — fator que marca uma das diferenças da situação prevalente no México e na Argentina —, protesta vigorosamente contra os responsáveis por esse desastre financeiro. No plano internacional, apesar do perigo que paira sobre os bancos dos EUA, as coisas já estão mais claras. Não é certeza que a política econômica de Ronald W. Reagan consiga eliminar a inflação nos Estados Unidos. O certo, porém, é que ela já permitiu a Washington retomar o controle dos grandes países da América Latina.

O Estado contra a nação[1]

AGOSTO DE 1983

Tendo herdado em 1822 um território colonial de dimensões continentais e com uma população diversificada, a maioria dos dirigentes brasileiros nutriu, durante muito tempo, uma obsessão: consolidar o Estado. A tarefa era efetivamente difícil na primeira metade do século XIX. Tensionado em várias regiões, o agregado brasileiro esteve perto de se fragmentar, enquanto o desentendimento entre as *burguesías criollas* transformava os quatro vice-reinos espanhóis em quase duas dezenas de países diferentes.

Só no fim do século XIX o Brasil conseguiu adotar um sistema federativo capaz de apaziguar as tensões regionais que sacudiam o país. Na realidade, eram as oligarquias regionais que constituíam a nação. Poucos dirigentes, bem poucos, pensavam nessa época que a ampliação e o aprofundamento da democracia poderiam reforçar a sociedade. A grande maioria estava, ao contrário, persuadida de que somente um poder central forte estaria em condições de quebrar os entraves econômicos e políticos engendrados pela dominação oligárquica. Com a Revolução de 1930, essas ideias foram postas em prática. Desde então, a *intelligentsia* brasileira se agrupa em torno de três eixos complementares. Um objetivo político: o reforço do aparato estatal; uma política econômica: a industrialização, promovida pela intervenção direta do Estado; uma linha de massa: o nacionalismo.

Parecendo impulsionar, em graus diversos, esses três objetivos, o regime militar conseguiu neutralizar uma parte da oposição nos anos 1970. Ora, os acontecimentos atuais desmentem de modo dramático essas ilusões. Abalado pela dívida externa, duramente atingido pela recessão internacional, o Estado brasileiro está sendo aos poucos deslocado para novas formas de vassalagem, inspiradas pelo FMI e pelos grandes bancos comerciais.

Construído pelo esforço incessante de várias gerações — contra a poderosa coalizão dos que afirmavam: "Nada disso! Aqui, não! Agora, não!" —, o parque industrial nacional está em perigo. Uma atmosfera de incertezas reina nas altas esferas do governo, nas quais o nacionalismo só aparece como um tapume para esconder a corrupção. Os tecnocratas praticam cotidianamente atos de flagrante irresponsabilidade política ao engajar a soberania e o futuro do país em perniciosas decisões sobre a dívida externa. Afastada dessas negociações e obrigada a abandonar o programa nuclear, a hierarquia militar também está sendo abalada por vários escândalos que revelam os métodos de corrupção dos serviços secretos. No Palácio do Planalto, as conversas do general João Figueiredo são grampeadas por outras facções militares. Padecendo de doença cardíaca, ele vê sua autoridade se desgastar nas lutas florentinas sobre a sucessão na Presidência.

Diante do enfraquecimento do regime, as transformações ocorridas na sociedade brasileira no decurso das últimas décadas ganham um significado particular. Essas transformações são nítidas nos resultados do Censo de 1980, quando o país registrou 120 milhões de habitantes. Houve, por exemplo, um forte movimento de urbanização: na década de 1970, a população rural diminuiu em números absolutos pela primeira vez na história do Brasil. Em 1980, a população urbana, que representava 36% dos habitantes em 1950, alcançou 80%. Além disso, o Brasil retornou pouco a pouco à composição mestiça que o caracterizava no século XIX, antes da política de imigração seletiva que pretendeu transformá-lo numa nação branca. Representando 62% da população total em 1950, o contingente de brancos declinou para 55% em 1980, e a proporção de mestiços, por sua vez, aumenta regularmente: de 26% em 1950 para 38% em 1980.

Mais significativo ainda, o declínio populacional começou desde meados dos anos 1960, antes da introdução de contraceptivos modernos no país. No decênio 1970-80, a taxa anual de crescimento demográfico foi de 2,49%, que deve ser comparada à taxa de 2,99% registrada no decênio precedente.

Nessa mesma ordem de ideias, a taxa de fecundidade (número de nascimentos por mulheres de 15 a 49 anos) passou de 6,28 em 1960 a 4,25 em 1977. Mais que qualquer outro, esse índice aparece como um fenômeno anunciador de importantes mudanças sociais e políticas. Fator de aceleração histórica, a generalização do controle voluntário de nascimentos define uma nova atitude em relação à criança, à família e à sociedade. A observação das estatísticas eleitorais permite aprofundar a análise das mudanças demográficas e culturais ocorridas nos últimos anos.

O corpo eleitoral se ampliou: em 1950, os eleitores só representavam 37% da população brasileira com mais de vinte anos; em 1980, essa porcentagem subiu para 80%. Somando-se ao movimento de urbanização, a ampliação do corpo eleitoral — resultado da extensão da alfabetização — está relacionada às derrotas sofridas pelo partido do governo nas eleições dos últimos anos.

Realizadas sob o controle do regime e, sobretudo, alterando pouco a política do regime, essas eleições não concretizam as esperanças do eleitorado. Em consequência disso, a tensão social continua se agravando. No Nordeste, atingido por quatro anos de seca, pequenas cidades são invadidas. No coração do Brasil moderno, o desespero também vem à tona. Num subúrbio do Rio de Janeiro, um supermercado foi invadido por moradores de uma favela que, com determinação mas em silêncio, persuadiram os funcionários do supermercado a não chamar a polícia. No começo do mês de abril deste ano, motins contra a fome sacudiram São Paulo durante três dias, ilustrando o frágil equilíbrio social e político da nação. Convocadas por militantes de extrema-esquerda, alguns dos quais filiados ao PMDB, as manifestações contra o desemprego são infiltradas por provocadores e se transformam em motim.

Para além do destino político do governador Franco Montoro, do PMDB, alçado ao governo de São Paulo pouco antes desses protestos, questões dramáticas envolvendo o país inteiro estão na ordem do dia.

Estarão o PDT de Leonel Brizola, no Rio de Janeiro, e o PMDB, em São Paulo e outros estados, aptos a canalizar o movimento social para reivindicações organizadas e para a ação política institucional?

Ou, como pensam alguns observadores, os estragos provocados pelo regime já se tornaram irremediáveis, e a insatisfação popular pode explodir em manifestações de ira indiscriminada que reforçarão os setores mais radicais da burocracia civil e militar?

Apesar de ser difícil detectar todos os efeitos profundos dos movimentos que mudam atualmente a base da sociedade, alguns fatos já parecem evidentes. Por um lado, o Estado, que parecia constituir a *ultima ratio* do devir brasileiro, transformou-se num fator de desestabilização da nação. Por outro lado, o corpo eleitoral e, através dele, a sociedade inteira, tida como "irresponsável", afirmam-se progressivamente como elemento fundamental da estruturação da nação. De maneira geral, os desastres do "milagre econômico" demonstram que só a democracia oferece uma garantia durável para o nacionalismo e a eficácia econômica.

VINTE ANOS DE DITADURA NO BRASIL

As hesitações dos militares na hora do acerto de contas

ABRIL DE 1984

Há vinte anos, em 1º de abril de 1964, um golpe militar derrubou o governo constitucional brasileiro. Depois de arrastar o país para um grave impasse econômico e social, a ditadura se prepara para celebrar esse aniversário na tormenta que assombra todas as autocracias: a crise da sucessão.

A legislação em vigor define claramente os próximos prazos eleitorais. Em setembro de 1984, os partidos políticos autorizados terão que designar seus candidatos à Presidência da República, os quais pedirão os votos dos 686 delegados reunidos em um colégio eleitoral concebido sob medida pela ditadura. Em 15 de janeiro de 1985, o colégio eleitoral deverá escolher o novo chefe de Estado; no entanto, é provável que certo número de elementos modifique de forma substancial esse calendário laboriosamente estabelecido pelos militares.

Para evitar choques de facções internas que abalaram a instituição militar e para dar ao regime uma base mais sólida, decidiu-se confiar a eleição do presidente a um colégio eleitoral separado, em vez de escolhê-lo entre os oficiais ocupantes dos mais altos escalões do Exército, como havia sido até agora.[1] Tudo foi feito para garantir ao partido do governo, o PDS, o controle da sucessão. De fato, durante as eleições diretas para governador, em 1982, o PDS obteve apenas 39,05% dos votos, enquanto o PMDB, principal partido da oposição, ganhou 53,7%. No entanto, o atual colégio eleitoral apresenta um equilíbrio de poder exatamente oposto: o PDS detém 52,2% dos votos, e o PMDB, 40%.

Tendo comparecido em massa às urnas em novembro de 1982 para eleger vereadores, prefeitos, deputados, senadores e governadores, a população vê nessa composição do colégio eleitoral e no papel que lhe é conferido um abuso de poder destinado a confirmar uma farsa grosseira: de acordo com todas as pesquisas, mais de 80% dos eleitores desejam eleger o próximo presidente pelo voto direto. Insensível ao sentimento público, o regime poderia ter continuado sua estratégia de institucionalização se não houvesse outras armadilhas no caminho. Para controlar o colégio eleitoral, o governo deverá manter o PDS em mãos firmes, o que está longe de ser o caso.

Três candidatos pró-governo disputam a indicação pelo PDS: o atual vice-presidente, Aureliano Chaves; o ministro do Interior, Mário Andreazza; e o ex-governador de São Paulo, Paulo Maluf.

Regularmente eleito por Minas Gerais, estado crucial entre o Centro-Sul, industrializado, e o Nordeste, tradicional, Aureliano Chaves encarna a moderação de certos conservadores que esperavam que a ditadura militar constituísse apenas um curto interlúdio, destinado a restaurar a preeminência das elites políticas tradicionais. Desfrutando do apoio de políticos do regime e de vários intelectuais, o atual vice-presidente ainda conta com o apoio dos segmentos mais esclarecidos da burocracia estatal. Além disso, o prestígio de Aureliano Chaves aumentou desde que ele substituiu, por algumas semanas, o general Figueiredo na chefia do Estado. Suas iniciativas contrastaram com a inércia e as falhas do general presidente.

Mário Andreazza foi ministro dos Transportes dos generais Artur da Costa e Silva e Emílio Garrastazu Médici durante a fase mais repressiva da ditadura. Atual ministro do Interior, mantém laços estreitos com empregadores e diretores de empresas públicas que fizeram fortuna durante o período do "milagre brasileiro" (1969-74). Apoiado pelo general Figueiredo, Andreazza coordena a ajuda oficial ao Nordeste, o que lhe permite construir uma clientela eleitoral em regiões devastadas pela seca. Apesar desses trunfos, Andreazza não conseguiu se afirmar na classe política tradicional. Seu futuro está inteiramente nas mãos do poder atual.

O terceiro candidato à indicação pelo PDS é Paulo Maluf, o exemplo mais completo do político nascido à sombra da ditadura.² Depois de conquistar posições de influência em São Paulo graças às suas relações com a alta hierarquia militar, Maluf foi nomeado pela Assembleia Legislativa de São Paulo para chefiar o estado mais poderoso da federação. Distribuindo prebendas aos políticos locais, foi amplamente eleito deputado federal em 1982. Desde então, conseguiu o apoio de parlamentares vinculados aos setores mais autoritários do Exército para travar uma batalha impiedosa visando arrebatar a indicação pelo PDS para a eleição presidencial. Atualmente, Maluf faz coro com os chefes que criticam a "estatização" da economia, situando-se como porta-voz das correntes formadas na escola do liberalismo econômico e do autoritarismo político.

Tendo em vista a inegável capacidade de obter apoio político no país, por que os militares no poder não propõem o efervescente deputado de São Paulo como candidato do PDS à Presidência? Questão essencial, uma vez que são as lutas internas que fazem o PDS escapar do controle do governo. A resposta pode ser definida em três explicações. Maluf representa grupos de interesse distintos dos de Aureliano e Andreazza. Em segundo lugar, ele dispõe de pouco apoio na burocracia estatal. Por fim, Maluf é um "turco", isto é, pertencente à comunidade síria e libanesa que imigrou para o Brasil, cujos supostos negócios e "cosmopolitismo" são desaprovados tanto por nacionalistas de direita como de esquerda.

Enquanto isso, as apostas sobem na corrida pelos votos dos delegados do PDS. De acordo com declarações de um deputado do PMDB e as confidências do próprio Figueiredo, os delegados do partido do governo recebem "propostas" que chegam a várias centenas de milhares de dólares para favorecer a investidura de um ou outro candidato oficial.³

É em parte por causa desses escândalos que a atual campanha da oposição pelas eleições diretas vem ganhando uma amplitude considerável no país.

Reunidos em várias capitais regionais, os principais governadores da oposição lançaram uma mobilização nacional por eleições diretas para presidente. Essa campanha já quebrou o mito da "desmobilização popular": no auge do verão, centenas de milhares de pessoas se reuniram em torno dos principais líderes políticos e sindicais de Curitiba, São Paulo, Belo Horizonte e Rio de Janeiro. "Diretas já", o slogan da oposição, está se espalhando num país onde se observa a reativação dos canais de expressão da sociedade — Igreja, sindicatos, grupos de intelectuais, associações liberais, clubes esportivos, comunidades de bairro — que lideraram com sucesso a campanha pela anistia em 1979. Novo fato sociológico, as marchinhas de carnaval, por tradição pouco relacionadas a temas diretamente políticos, este ano adotam o slogan "Diretas já". Essa onda profunda abala o governo: eleitos do PDS já estão se unindo à oposição no movimento pelas eleições diretas. Alguns entre eles acreditam que Aureliano Chaves teria boa chance de vencer caso enfrentasse — o que seria mais provável — três candidatos da oposição (Ulysses Guimarães, do PMDB, Leonel Brizola, do PDT, e Luiz Inácio Lula da Silva, do PT) em uma votação direta para a Presidência.

Na segunda semana de abril, a emenda constitucional de eleição direta, proposta pela oposição, poderá eventualmente ser aprovada por maioria parlamentar. De fato, por duas vezes deputados do PDS já se uniram aos da oposição em nome do "interesse público". A primeira, em setembro de 1983, para recusar quatro projetos salariais impostos ao governo pelo FMI. Na segunda vez, em novembro de 1983, para aprovar uma reforma tributária em benefício dos municípios, sufocados pela apropriação das receitas fiscais pela administração federal.

No entanto, temem-se as reações da burocracia civil e militar no caso de uma votação em favor das diretas. Na verdade, a retirada em boa ordem dos militares para o quartel supõe o estabelecimento prévio de um pacto em que os derrotados não apareçam como perdedores entregues à vindita popular. Especialmente porque o exemplo da Argentina, onde generais estão sendo julgados como criminosos de direito comum, gera temores entre os oficiais brasileiros. Tal pacto entre o governo e a oposição parece improvável por causa da decomposição do regime e da administração ubuesca do atual presidente. "O general Figueiredo é alguém que não quer dirigir o país, que não está interessado em dirigir o país e que não tem saúde para dirigir o país", disse recentemente o general Golbery do Couto e Silva, um dos ideólogos do regime. Opinião confirmada por um dos melhores comentaristas políticos brasileiros, que não hesita em incluir, entre os elementos imponderáveis do momento, a "instabilidade emocional" do general presidente.[4]

A deriva do poder se torna mais óbvia com o agravamento da crise econômica e social e da intervenção do FMI nos assuntos internos do país.

Na esfera econômica e social, o balanço dos últimos anos foi devastador. De 1980 a 1983, a renda per capita caiu 12%, enquanto o número de desempregados aumentou constantemente nas grandes cidades. Em 1983, houve saques em mais de quinhentos estabelecimentos comerciais, na maioria lojas de alimentos, no Rio de Janeiro, em São Paulo e em algumas cidades do Nordeste. Esses surtos de violência às vezes ofuscam fenômenos mais profundos.

Assim, apesar da repressão, o movimento de sindicalização rural continua em todas as regiões, e em particular no Nordeste. Contestando os métodos oficiais de ajuda à região, os sindicatos rurais denunciam a extensão da pecuária em detrimento da pequena agricultura, apontando a expansão do gado como um dos fatores que acentuaram os dramas sociais causados pela seca. Da mesma forma, os representantes dos camponeses e trabalhadores rurais monitoram as "frentes de trabalho" estabelecidas pelo governo, exigindo o cumprimento da legislação em vigor — o que oferece, assim, um novo recurso aos habitantes da região. A violência dos grandes proprietários de terras é proporcional à efetividade dessa ação sindical: nos últimos três anos, 35 sindicalistas foram assassinados no Nordeste por pistoleiros e milícias patronais.

Em meio a violências e restrições, o movimento de sindicalização rural continua a crescer e já está introduzindo uma mudança decisiva nas relações sociais. Outro fato novo, de vital importância para os assuntos internos e externos do país, é o crescente papel do Congresso.

Acostumada até então a negociações discretas com os tecnocratas do poder, a comunidade financeira internacional surpreendeu-se ao notar que o ministro do Planejamento, Delfim Netto, agora também deve ouvir o Congresso, o único órgão constitucional investido com a legitimidade conferida pelo voto direto. Paradoxalmente, as autoridades norte-americanas tornaram as autoridades eleitas brasileiras "responsáveis" por possíveis dificuldades nas negociações sobre a dívida externa. É difícil entender por que certos comentaristas econômicos ocidentais seguem esse mesmo raciocínio. Na realidade, pode-se argumentar que a má administração das finanças do país se deve, precisamente, ao fato de o Congresso ter sido mantido fora da gestão pública. Privada de legitimidade popular, a ditadura tentou criar uma legitimidade carismática construindo obras faraônicas. Esse desperdício sem precedentes continuou até recentemente. Não porque se acreditasse na expansão econômica do Brasil, mas porque se contava com a solvência e a sustentabilidade de um regime autoritário. A crise financeira causada pela dívida externa brasileira não é a consequência de um erro nas previsões econômicas, e sim, acima de tudo, o resultado de um mau cálculo político.

Desaparecer na sarjeta?

O impasse atual é bem conhecido: para liberar as divisas destinadas ao pagamento da dívida externa, é necessário obter excedentes regulares na balança comercial. No entanto, o crescimento das exportações não é suficiente para compensar o aumento das taxas de juros e o aumento do serviço da dívida. Portanto, as divisas podem ser adquiridas apenas mediante redução substancial das importações, ou seja, uma forte recessão interna. Isso explica a crise na economia brasileira.

Ignorando as novas relações de forças do terreno político brasileiro, o FMI está interessado apenas nos aspectos financeiros da dívida, estabelecendo metas impraticáveis e irrealistas para as contas da nação. Esse impasse é o motivo da renúncia do presidente do Banco Central do Brasil, Carlos Geraldo Langoni. Atormentado pelas reações da opinião pública brasileira e das autoridades eleitas, Jacques de Larosière, diretor do FMI, não hesitou em declarar: "Se o Brasil não cumprir o programa do FMI, vai desaparecer na sarjeta". Ao qual Ulysses Guimarães, presidente do PMDB, respondeu: "Nas sarjetas desaparecem ratos e baratas, não as nações".[5]

Para os estudantes brasileiros do século XXI, essa troca de frases talvez explique, melhor do que números e gráficos, a arrogância e o desprezo de que a nação foi objeto por um século e meio depois da Independência, vinte anos depois do golpe "redentor" de 1964...

As sobrevivências do regime militar no governo civil

ABRIL DE 1985

Ainda tensa após o anúncio da composição do gabinete ministerial, a vida política brasileira experimentou uma nova reviravolta com a doença do presidente eleito, Tancredo Neves. Constitucionalmente, os dados são claros. Em caso de impedimento do presidente, o vice, José Sarney, poderá completar o mandato para o qual Tancredo Neves foi eleito. Politicamente, entretanto, a situação é de uma complexidade perigosa. Como Sarney, até 1984 um dos líderes do regime militar na Câmara dos Deputados, poderia reconstruir uma estrutura institucional deformada por 21 anos de autoritarismo? Desde já, o homem-chave nessa difícil transição parece ser Ulysses Guimarães, presidente do principal partido da oposição, o PMDB, e presidente da Câmara dos Deputados.

A gravidade dos eventos atuais dá mais relevo às convicções democráticas da população. Forjado durante as duras lutas dos últimos anos, o vasto consenso antiautoritário é hoje a conquista histórica mais sólida desfrutada pelos brasileiros.

O regime militar está se desintegrando à medida que outras nações latino-americanas retornam aos padrões democráticos, a eleição de Tancredo Neves ocorreu no contexto do processo truncado imposto pelo regime, os espaços de liberdade foram concedidos ou conquistados. Trata-se de fatos que não escondem o essencial: o fim da ditadura se apresenta como a mais fecunda vitória obtida pelos brasileiros ao longo do século XX.

Vitória da luta sutil e dolorosa empreendida por uma população agora emancipada, que sabe como evitar ações desesperadas e divisões políticas. Vitória de um eleitorado popular, supostamente "atrasado", que se revelou mestre na arte de desfazer as armadilhas impostas por juristas de direita em eleições tuteladas. Vitória para a imprensa e os intelectuais, incluindo a ala militante da Igreja, a quem se deve o resultado do isolamento ideológico da arbitrariedade e a subcultura dos quartéis. Vitória, por fim, para os políticos tradicionais, que consideraram que seria melhor continuar sendo conservadores nas fileiras de uma oposição democrática durante vinte anos do que aparecer por seis meses como "liberais" num governo autoritário. Tancredo Neves foi um desses conservadores republicanos.

Para entender as contradições subjacentes ao bloco histórico que ascende ao poder, é preciso recuar um pouco. Poucos dias depois de deporem o presidente constitucional, João Goulart, os militares decretaram o ato institucional de 9 de abril de 1964, estabelecendo um regime de exceção "provisório", uma vez que o mesmo ato previa eleições livres e diretas para a Presidência da República em janeiro de 1966. O regime arbitrário deveria, portanto, ter curta duração, mas durou vinte anos e onze meses. Sem numeração, o AI de 9 de abril deveria, em princípio, ser um texto único. Alguns meses depois, ele recebeu o número 1, abrindo assim uma série de violências institucionais que subverteram a ordem constitucional.

Depois de expurgar o Congresso, as universidades e os sindicatos, a burocracia civil e militar organizou eleições parcialmente livres — filtradas pela repressão e pelo elitismo tradicional dos políticos brasileiros —, na esperança de alcançar a institucionalização do regime. Tudo mudou nas eleições de novembro de 1974. Desmentindo as previsões mais pessimistas, esse escrutínio se transformou num plebiscito contra o regime. Em vez de se abster ou votar em branco, milhões de novos eleitores passaram desde então a votar nos partidos da oposição.[1]

A urbanização e a extensão da alfabetização forneceram uma base nova e vigorosa para o movimento democrático. Tal foi o primeiro paradoxo: realizado para modernizar o país de maneira autoritária, o golpe militar fracassou precisamente nas eleições das grandes cidades e dos estados mais desenvolvidos. A despeito das chicanas eleitorais, da pressão policial, dos ataques às liberdades e aos indivíduos, das ameaças golpistas — acabamos de saber que a tentativa mais recente, nos primeiros meses de 1984, foi abortada[2] —, a população, de modo pacífico e firme, expressará seu apego à democracia, tanto nas urnas como nas praças públicas.[3] Na primeira metade de 1984, as grandes cidades foram palco de manifestações pacíficas de várias centenas de milhares de pessoas, reunidas para exigir a restauração da ordem constitucional.

Seria difícil entender as traições que fizeram sangrar o PDS, o partido do governo, sem lembrar do impacto dessas manifestações públicas, que ameaçavam os interesses eleitorais dos políticos arregimentados pelo regime. Desse modo, em junho de 1984, nas eleições municipais parciais realizadas em Santos, o maior porto do país, o PMDB achatou o PDS, que obteve apenas 3,5% dos votos.

Tais fatos minam a hipótese de "liberalização outorgada pelo regime", cara aos cientistas políticos conservadores. Na verdade, o regime parece ferido de morte desde a sua derrota nas eleições de novembro de 1974, embora tenha prolongado sua perigosa agonia por dez anos. Uma capacidade extraordinária de amortecer e retardar as consequências da rejeição popular que está no cerne da tradição política brasileira.

Na verdade, a quem se deve a eleição de Tancredo Neves?

Ao PMDB, ampla frente eleitoral que reúne forças populares e democráticas que sempre lutaram contra o regime? Ao Partido da Frente Liberal (PFL), que reúne representantes eleitos do PDS que só descobriram a natureza autoritária do governo militar no mês de julho de 1984? Às Organizações Globo — um polvo da mídia nascido nas águas turvas da administração ditatorial do general Emílio Garrastazu Médici —, que recentemente se desentenderam com as Forças Armadas para melhor salvaguardar seu monopólio na mídia brasileira? Ou ao ex-presidente Ernesto Geisel e a outros oficiais que parecem ter isolado o último grupo de militares golpistas?

Obviamente, hoje em dia o PMDB em geral e a esquerda em particular não estão em posição de força. Concentrando todos os esforços na campanha das Diretas Já, a liderança peemedebista se uniu com relutância às manobras públicas e privadas que levaram à eleição indireta de Tancredo Neves e José Sarney. A composição do novo ministério é um reflexo dessa situação. Se excluirmos Almir Pazzianotto, o novo ministro do Trabalho, com a delicada responsabilidade de gerir conflitos sociais severamente reprimidos nas últimas duas décadas, e Waldir Pires, à frente de um ministério da Previdência Social desorganizado e deficitário, o único representante da ala esquerda do PMDB é Pedro Simon, ministro da Agricultura.

Na realidade, duas correntes se enfrentam numa batalha silenciosa nesse setor. Continuando a linha dos últimos governos militares, certos círculos priorizam a exportação de produtos agrícolas a fim de gerar superávits para atender a dívida externa. Mais sensível à situação interna, a segunda corrente, à qual pertence Simon, defende um melhor equilíbrio entre a agricultura de exportação e as culturas alimentares, reduzidas pela soja, pelo café e pela cana-de-açúcar, usada na produção de álcool para parte da frota de veículos.

Em suma, a presença da esquerda democrática e popular — o segmento mais numeroso e combativo da oposição ao regime — é simbólica no atual governo. Nessas circunstâncias, parecia que o PFL reivindicaria a maior parte do ministério. De fato, no colégio eleitoral reunido em Brasília em 15 de janeiro de 1985, os parlamentares do PFL, árbitros da eleição de Tancredo Neves, estavam bem situados. Embora o Ministério das Relações Exteriores tenha sido atribuído a Olavo Setubal, um dos líderes do PFL, e o ministro das Comunicações seja Antônio Carlos Magalhães, líder do mesmo partido no Nordeste, mas também um homem de confiança das Organizações Globo — ganhando assim influência preponderante na concessão de canais de televisão e estações de rádio —, os desertores do PDS não foram tão bem recompensados quanto esperavam.

No fundo, a situação é a seguinte: nas duas áreas principais do regime, a organização das Forças Armadas e a gestão econômica, Tancredo Neves simplesmente decidiu que seria urgente esperar, sobretudo no que concerne ao setor militar.

Instrumento privilegiado para reproduzir o pacto que une a burocracia civil e militar aos grandes grupos privados, o SNI, órgão paramilitar, administra um orçamento desconhecido e sem nenhum monitoramento, que inclui cerca de 300 mil funcionários públicos e auxiliares em todo o país e em escritórios brasileiros no exterior. Foi no SNI que se urdiram as ameaças golpistas e os atos de violência perpetrados nos últimos anos no país. Foi também através do SNI que 12 mil oficiais superiores foram nomeados em cargos administrativos bem remunerados e importantes, tanto no setor público como no setor privado dependente do Estado. Na ausência de um redirecionamento que Tancredo Neves parece estar distante de realizar, o SNI, verdadeira gangrena nacional, poderá minar de forma duradoura o aparelho do Estado.

Uma oposição exasperada

Embora atualmente nenhuma reforma das Forças Armadas seja realista, uma nova política econômica parecia factível. Entretanto, nada foi adiante. Nesse campo também se constata continuidade, e não ruptura. Ninguém ficará surpreso se Tancredo Neves nomear seu sobrinho e ex-auxiliar, Francisco Dornelles, para o Ministério da Fazenda, confirmando assim o nepotismo e o clientelismo bem ancorados no sistema político brasileiro. Será ainda menos surpreendente se o novo presidente nomear um de seus leais colegas para esse ministério-chave, disputado por duas personalidades de perfil oposto, Celso Furtado, representando o PMDB, e Olavo Setubal, banqueiro e candidato do PFL. Afinal, escolher um terceiro candidato em meio a uma disputa governamental era uma das táticas favoritas de Getúlio Vargas, padrinho político de Tancredo Neves.

A perplexidade e a evidente exasperação reinante nas fileiras da oposição decorrem do fato de Dornelles manter no poder o segundo escalão das equipes de Mário Henrique Simonsen e Delfim Netto, planejadores e executores da política econômica imposta ao país no regime militar. Diretor da Receita Federal no governo Figueiredo, Dornelles foi um dos responsáveis diretos pela política econômica da ditadura. Suas relações no seio da hierarquia militar lhe permitiram desempenhar um papel vital nas negociações secretas que levaram à ascensão de Tancredo à Presidência. Para Paulo Maluf, rival derrotado de Tancredo e fino conhecedor do submundo do regime, Dornelles era simplesmente o "negociador da impunidade" concedida por Tancredo aos dirigentes da ditadura.

Seja como for, a equipe de Dornelles não deixa dúvidas sobre suas orientações: uma nova geração de *Chicago boys*, seguidores da política monetarista de Milton Friedman, volta hoje ao poder. Para moderar as críticas, a Secretaria de Planejamento Econômico — esvaziada dos poderes de que dispunha — será concedida a João Sayad, auxiliar de Franco Montoro, governador de São Paulo e um dos barões do PMDB.

Preocupados com as repercussões negativas da apresentação da nova equipe econômica, os líderes do PMDB argumentaram que os ministros deveriam implementar o programa de Tancredo Neves, preparado pela frente de oposição que o conduziu ao poder. Além do fato de que a ideia de um programa de governo não se adapta bem às realidades do presidencialismo e da administração brasileira, a experiência recente de Tancredo no governo de Minas Gerais mostra que ele está acostumado a delegar suas atribuições econômicas e administrativas para se dedicar exclusivamente à política politiqueira. Mesmo que o PMDB pudesse influenciar o novo governo, teria ainda que convencer os parlamentares do partido de que a luta principal é travada no nível econômico, não no plano político. Hipótese que está longe de ser o caso no contexto atual.

A futura Assembleia Constituinte

Na verdade, o estabelecimento de uma agenda política precisa parece ser a pedra de toque da consolidação da democracia. Ao contrário do que se possa imaginar, as pesquisas de opinião mostram que a população entende bem a importância da futura Assembleia Constituinte.

Eleito num escrutínio indireto, rejeitado por milhões de manifestantes e copiosamente denunciado pelo próprio partido, o PMDB, Tancredo Neves detém uma legitimidade apenas transitória. Textos do PMDB e discursos de seus líderes, bem como os do próprio Tancredo, concordam em considerar a convocação da Constituinte como tarefa fundamental do novo governo. Quando e como será instaurada essa assembleia? O debate político tende a se polarizar em torno dessas dúvidas.

De saída, o governo terá que aprovar uma nova lei eleitoral e uma reforma dos partidos políticos. Todas as correntes de opinião serão representadas na futura Assembleia? Os analfabetos — 20% da população em idade de votar — terão direito ao voto? Sobre o primeiro ponto, Tancredo Neves é hesitante. Sobre o outro, ele acha que o direito de voto dos analfabetos deve ser "gradual": primeiro nas eleições municipais, depois nas estaduais e, por fim, nas eleições federais. Tal decisão equivaleria a solucionar o problema num prazo de quinze anos. Enquanto isso, aumentará a proporção de analfabetos e, portanto, de não cidadãos, pois a população continuará crescendo e o processo de alfabetização é lento.

Além disso, o calendário político também está sujeito a discussão. Tancredo Neves parece querer convocar eleições para a Assembleia Constituinte em 1986, a fim de que os trabalhos dos constituintes sejam iniciados em 1987. Prazos considerados muito longos pelas pessoas que participaram da campanha pelas Diretas em 1984 — e que são numerosas na oposição.

Em essência, para muitos políticos a luta contra o regime cessará quando for estabelecido o Estado de direito, emanação do *Rechtsstaat* concebido pelo pensamento europeu aristocrático e liberal do século XVIII. Um Estado cuja liberdade se apresente como autonomia, não como emancipação. Que é uma visão gerada pela confrontação secular entre o poder central e as oligarquias regionais brasileiras. Porém, as necessidades prementes da sociedade podem, em curto prazo, tornar tal plano obsoleto.

O novo presidente lidará com os governadores eleitos em 1982 pelo voto direto, cujo futuro político é condicionado pela ação do governo federal. Unânimes em denunciar o regime militar, eles querem recuperar rapidamente as receitas tributárias monopolizadas pelo governo central nos últimos anos. Na mesma ordem de ideias, a maioria dos novos ministros são potenciais candidatos à sucessão dos atuais governadores nas eleições agendadas para 1986, e seguirão de perto as reações da opinião pública em relação ao governo federal. O Congresso, cuja maioria é do PMDB, buscará retomar as prerrogativas que lhe foram retiradas pelo regime militar. O presidente eleito da Câmara dos Deputados, Ulysses Guimarães, que também é presidente do PMDB, construiu sua liderança no maior partido político do país durante vinte anos de luta inflexível contra o autoritarismo. Apoiado pelos parlamentares, ele será o principal a cobrar as promessas eleitorais de Tancredo Neves e José Sarney.

Quanto à Igreja, a ala progressista do clero já soou o alarme. Apoiado pelo cardeal de São Paulo, Paulo Evaristo Arns, o cardeal-arcebispo de Fortaleza, Aloísio Lorscheider, declarou que a eleição de Tancredo foi resultado de um "pacto das elites". Despertando várias reações, essa declaração mostra que a Igreja não pretende renunciar ao papel decisivo que desempenhou nos últimos anos, mesmo que já esteja claro que a intervenção dos bispos na vida pública agora será menos fácil.

As decisões incontornáveis a serem tomadas nos primeiros meses de governo — sobre o cronograma de reforma política, a nova legislação relativa às greves e aos sindicatos ou as negociações envolvendo a dívida externa — demarcarão rapidamente o novo equilíbrio de forças políticas no país. Também é certo que a definição política do novo governo será esclarecida após os reagrupamentos, atualmente em curso, dos apoiadores do regime militar. Nas eleições indiretas à Presidência, ocorridas em 15 de janeiro de 1985, Paulo Maluf surpreendeu os observadores pelo número relativamente alto de votos (27% dos votos dos parlamentares), apesar da derrocada do governo autoritário. Se Maluf conseguir manter o controle do PDS, Tancredo será confrontado com uma oposição dura, apoiada em posições revanchistas, que o forçará a solicitar a ajuda do PMDB e da esquerda política e sindical para estabelecer a autoridade de seu governo.

Nas últimas semanas, Paulo Maluf tem reorientado seu discurso para se posicionar como defensor dos pequenos empresários, dos comerciantes e do "povo" contra os exploradores e burocratas que cercam Tancredo. Discurso que pode ser bem-sucedido em um país que enfrenta uma inflação anual de cerca de 300%, mergulhado numa crise que reduz o poder de compra não só das camadas populares, mas também, fato novo, de importantes setores da classe média. Aliás, deve-se notar que a eleição de um civil à Presidência não significa grande coisa: se tivesse sido eleito em 15 de janeiro,

Maluf teria endurecido o regime, tendo em conta seus ataques precedentes contra o "laxismo" do governo do general Figueiredo.

A situação será diferente se o PDS for controlado por Amaral Peixoto. Político experiente, Ernani do Amaral Peixoto uniu forças com Tancredo na direita do MDB, o único partido de oposição que deu origem ao PMDB, antes que combinações políticas fluminenses o levassem ao PDS. Nessa hipótese, aliado a Amaral Peixoto, Tancredo teria um aliado poderoso para superar a pressão do PMDB e da esquerda. Caso isso aconteça, o "pacto das elites" se perpetuará no Brasil.

Graciliano Ramos e a autópsia de um período sombrio

JANEIRO DE 1986

Ocupando lugar de primeiro plano na literatura brasileira contemporânea, a obra de Graciliano Ramos permanece, apesar disso, mal compreendida.

A repercussão de seus dois principais romances, *São Bernardo* (1934) e *Vidas secas* (1938), ambos já adaptados para as telas, leva a maioria dos críticos a classificar o autor entre os escritores "regionalistas", que descrevem os desastres ecológicos e sociais do Nordeste. Publicado em 1953, o mesmo ano de sua morte, *Memórias do cárcere* só ganhou sua verdadeira dimensão nos anos recentes.

Descrevendo, na verdade, as prisões de Getúlio Vargas, presidente entre 1930 e 1945, *Memórias do cárcere* saiu do prelo ao mesmo tempo que o antigo ditador, eleito em 1950 para comandar o Estado, dominava novamente a vida política. De saída, Graciliano Ramos evitou imputar à censura a publicação tardia de seu testemunho: "Liberdade completa ninguém desfruta: começamos oprimidos pela sintaxe e acabamos às voltas com a Delegacia de Ordem Política e Social, mas, nos estreitos limites a que nos coagem a gramática e a lei, ainda nos podemos mexer". É preciso então constatar que seu romance enfrentou a pressão dos acontecimentos dos anos 1950. De fato, Getúlio Vargas estava então claramente cerrando fileiras com as forças da esquerda, combatendo ao mesmo tempo os setores conservadores nacionais e as correntes pró-EUA, particularmente agressivas na América Latina durante os anos de Guerra Fria. Atacado por todos os lados, Getúlio Vargas se suicidou em 1954, suscitando um movimento popular que interromperia as manobras golpistas da direita civil e militar conduzidas por Carlos Lacerda. Dez anos depois, a mesma coalizão chegou a seus objetivos, instalando uma ditadura da qual o país acaba de sair.

Lido, em um primeiro momento, como uma descrição dos malfeitos do regime de Vargas durante sua fase autoritária, *Memórias do cárcere* padeceu, por assim dizer, da reabilitação histórica do antigo ditador depois de 1954. O governo Vargas — julgado "no geral positivo" por grande parte da opinião pública, incluindo o Partido Comunista, que no entanto foi duramente perseguido no período entre 1935 e 1945 — não aparecia como diretamente responsável pelas violências cometidas por seus policiais.

Foi preciso que a tortura e o assassinato político retornassem como métodos de governo para que se reconhecesse o significado de *Memórias do cárcere*. Nesses vinte últimos anos, centenas de pessoas terão se dobrado, em todas as regiões brasileiras, às brutalidades dos militares e policiais que, mascarados ou com o rosto descoberto, torturavam em nome do Estado. Milhares de indivíduos terão vivido a perturbadora experiência de despersonalização descrita por Graciliano Ramos.

Ironia da história, as edições brasileiras da obra ainda levam a indicação, escrita antes de 1964, que explica: "Eis a autópsia de um dos períodos mais sombrios que o Brasil atravessou".

OITO MESES APÓS A PARTIDA DOS MILITARES

A desintegração da Aliança Democrática no Brasil

JANEIRO DE 1986

Vitória da esquerda e desintegração da Aliança Democrática e Popular, nascida da luta contra o regime militar: eis o resultado ambíguo das eleições municipais parciais realizadas em 15 de novembro de 1985, em cerca de duzentos municípios brasileiros.

Tratava-se da primeira consulta popular desde a partida dos militares e o fim do estado de exceção. Partidos e candidatos puderam, enfim, se expressar livremente. Dada a importância das grandes cidades na vida política em escala federal, foi nas 23 capitais estaduais que se deu a polarização da eleição.

Vencedor em dezessete delas, o PMDB — herdeiro da aliança contra a ditadura e principal partido no poder — sofreu um sério revés em São Paulo, não conseguiu avançar no Rio de Janeiro e teve um relativo fracasso no Recife, onde seu candidato oficial foi vencido por um dissidente apoiado pela esquerda do partido.

A segunda lição da eleição é o crescimento do PT, que ganhou a prefeitura de Fortaleza, fincando pé no Nordeste, ao mesmo tempo que obteve 20% votos em São Paulo e porcentagens apreciáveis em outras capitais. O PT mostrou, assim, que encontra audiência entre jovens e assalariados nas grandes cidades. Multiplicando alianças à esquerda, ao centro e à direita, o PDT de Leonel Brizola conquistou a prefeitura do Rio de Janeiro e a de Porto Alegre, onde já estava presente, embora não tenha conseguido entrar em outras regiões do país.

Além disso, a ala de direita da coalizão governista, o PFL, fracassou em toda a linha, enquanto se confirmou a derrota dos representantes do regime militar, agrupados no PDS: obtiveram apenas um sucesso simbólico, com a vitória em São Luís, capital do Maranhão, estado do presidente Sarney.

Na verdade, os eventos dos últimos meses, férteis em reviravoltas, já haviam alterado as regras do jogo. No início de 1984, em meio ao ceticismo geral, Ulysses Guimarães, presidente do PMDB, lançou a campanha para as eleições diretas para a Presidência. Ganhando amplitude nacional, essa campanha, porém, foi derrotada no Congresso. O PMDB teve então que se aproximar dos dissidentes do regime para eleger, por voto indireto, Tancredo Neves e José Sarney. Por mais legítimo que fosse, esse compromisso tático frustrou o espírito de luta do PMDB e abalou sua posição de frente partidária das forças democráticas e populares. As orientações do partido foram novamente questionadas quando a morte de Tancredo levou Sarney à Presidência com um ministério marcado pelo conservadorismo econômico. Em seguida, Sarney mudou seu ministro da Fazenda, mas não conseguiu dar coesão ao governo que herdara de Tancredo. Na realidade, são múltiplas as origens das divergências governistas.

Após ter sofrido o arbítrio de tecnocratas autoritários durante vinte anos, a oposição democrática considerava que um governo formado por parlamentares reconciliaria o Estado e a nação. Também é certo que um presidente eleito pelo voto direto teria mais autoridade para formar um governo composto de personalidades de reconhecida competência, originárias da oposição à ditadura. Tal não é, entretanto, o caso do atual presidente, José Sarney. Assim, é preciso que ele reforce sua legitimidade associando estreitamente os partidos da coalizão governamental ao Poder Executivo. O resultado é a associação contraditória de um presidente "mal eleito", e que não pode ser reeleito, com ministros rivais uns dos outros, que desejam se destacar tendo em vista as eleições para governador em seus respectivos estados. Consequentemente, o governo sofre pressões contraditórias. Esse problema institucional, embora temporário, traz implicações políticas. Privado de uma orientação firme, o governo oscila ao capricho dos grupos de pressão, quase sempre em benefício das forças conservadoras.

Dessa forma, nas últimas semanas o governo recuou três vezes diante das forças que apoiavam o regime autoritário.

O retrocesso evidenciou-se na questão relativa à anistia dos militares punidos pela ditadura. Inicialmente, o projeto apresentado à Câmara dos Deputados previa a reintegração dos oficiais excluídos, com a reconstrução de carreira e o direito a voltar ao serviço ativo. Imediatamente confrontado com as ameaças da hierarquia militar, o governo voltou atrás, recusando a reabilitação dos oficiais.

A mesma atitude de recuo ocorreu nas discussões sobre a futura Assembleia Constituinte. Seguindo as correntes liberais e progressistas, a comissão parlamentar encarregada da questão propôs a eleição de uma Constituinte exclusiva, com mandato específico, dedicada apenas à redação da nova Carta, a fim de libertar os constituintes das manobras políticas que entravam o Congresso. Novamente o governo cedeu aos conservadores e partidários da ditadura, decidindo que os deputados e senadores eleitos em 1986 também serão responsáveis pela redação da Constituição.

Por fim, no tema da reforma agrária, anunciada de maneira espetaculosa pelo presidente Sarney, também houve retrocesso. Enquanto o projeto inicial recomendava a expropriação de todos os latifúndios improdutivos, o novo texto, cedendo à pressão dos grandes proprietários, limitou a maior parte da redistribuição de terras às áreas pertencentes ao Estado.

Insatisfeito com a decisão, o diretor do Instituto Nacional de Colonização e Reforma Agrária (Incra) renunciou ao cargo. Mesmo que parte da esquerda considere essa demissão apressada, diante das possibilidades abertas pela legislação agrária, essa série de eventos demonstra que no Brasil a transição para a democracia não está isenta de paralisações e recuos.

Permanece o garrote da dívida externa

Único partido político com presença verdadeiramente nacional, o PMDB terá um papel essencial na nova situação política. De fato, diferentemente das eleições de 15 de novembro de 1985, as próximas eleições para a Presidência da República, e provavelmente para os cargos de governador, serão disputadas, pela primeira vez no Brasil, pelo voto em dois turnos. Desde logo, o fenômeno da fragmentação da Aliança Democrática e Popular tenderá a desaparecer, uma vez que os diferentes componentes da esquerda terão que negociar entre os dois turnos.

Na esfera social e econômica, a inflação (acima de 200% em 1985) continua sendo o principal problema. Essa situação explica as reivindicações sindicais, agora de manifestação livre, que visam proteger os salários. Recentemente, 500 mil trabalhadores entraram em greve para obter um ajuste salarial trimestral, que substituiria o sistema atual, baseado em aumentos semestrais. Além disso, um movimento de "revolta dos contribuintes" está começando a surgir entre os assalariados, regularmente sugados pelo sistema fiscal. Ciente da injustiça do sistema atual, o governo está preparando uma reforma que visa tributar mais fortemente os contribuintes de maior renda.

Os outros indicadores econômicos são mais promissores. Assim, após uma longa recessão, o crescimento foi retomado e deve rondar os 7% em 1985. Segundo órgãos oficiais, o desemprego está em queda, com 1,5 milhão de novos empregos criados nos primeiros oito meses do ano. Apesar da inflação, a renda salarial, duramente corroída, está em processo de reconstrução: em 1985, espera-se um aumento de 13% no salário real da indústria.

Enquanto as reservas cambiais do país atingiam 9 bilhões de dólares, a reversão da política dos EUA em relação à emissão de dívida externa amplia a margem de manobra do Brasil em relação ao FMI. Agora é reconhecido em Washington que o crescimento econômico, crucial em um país onde a população aumenta 3% ao ano, deve ter prioridade sobre os interesses imediatos dos bancos credores. No entanto, o garrote da dívida externa continua a ser sentido, como observou o presidente francês François Mitterrand durante visita oficial ao Brasil em outubro de 1985. Mesmo que a dívida do Brasil com a França seja relativamente moderada (9 bilhões de dólares), as relações comerciais entre os dois países ilustram as contradições entre o comércio internacional e os grandes bancos, entre os países do Norte e os do Sul. Há vários anos, o comércio tem sido favorável ao Brasil. Ansioso para equilibrar seu próprio déficit externo, o governo francês, por sua vez, procura reduzir o superávit comercial brasileiro, limitando assim os recursos cambiais disponíveis para o Brasil pagar a sua dívida externa.

De seu lado, a França não está em posição de assumir na América Latina posições sobre a dívida externa que a prejudiquem na África, continente onde ela se situa entre as principais nações credoras.

Livre e aberta a todas as correntes de opinião, a última campanha eleitoral mostrou que a questão da dívida externa se tornou tema central da política nacional, mesmo que a eleição tenha se restringido às prefeituras dos grandes municípios. O fato não escapou aos negociadores do FMI e dos principais bancos privados credores.

Seja no Brasil, seja na Argentina, a perenidade das instituições democráticas deve agora ser levada em conta nas discussões sobre a dívida externa.

Os irmãos de Tito

AGOSTO DE 1986

Relato comovente do engajamento de jovens religiosos dominicanos perseguidos pela polícia e pelo Exército brasileiro no início da década de 1970, esse livro conta também o martírio e a morte do frei Tito de Alencar, torturado pelo tristemente célebre delegado Sérgio Fleury.

A partir de sua experiência nas prisões militares, Frei Betto faz uma reflexão sobre a tortura a fim de esclarecer a opinião pública brasileira. Como esse país de reputação moderada pode ter mergulhado em tamanho horror? A certo momento, um dos torturadores descritos no livro afirma: "Vamos recorrer a métodos medievais". Engano, os métodos adotados são completamente modernos, contemporâneos. Quatro séculos de violências exercidas contra os autóctones e os escravos, ou contra os pobres das cidades e do campo, proporcionaram aos algozes brasileiros um *savoir-faire* considerável. Empregada ontem contra os opositores políticos, essa herança sinistra se perpetua hoje, em certas delegacias e prisões do país, contra os detentos de direito comum.

Motivos de oportunidade política podem justificar o esquecimento das responsabilidades da hierarquia nas atrocidades que Frei Betto descreve. No entanto, diante da enormidade dos fatos a partir de agora faz-se incontornável uma reflexão coletiva sobre essa violência específica. O que está em jogo é a sobrevivência da democracia.

NO BRASIL, CONTROLE DA INFLAÇÃO
E ACELERAÇÃO DO CRESCIMENTO

Um bom começo para o Plano Verão

NOVEMBRO DE 1986

Oito meses depois de ter sido levado a cabo, em 28 de fevereiro, o Plano Verão brasileiro parece ter atingido o seu objetivo principal: a inflação, até então galopante (225% em 1985), depois daquela data não passou — oficialmente — da média mensal de 1,2%, e sem que o crescimento econômico tenha sido prejudicado, como ocorreu na Argentina, após o lançamento do Plano Austral. Para 1986, as autoridades preveem um crescimento equivalente ao de 1985, ou seja, 8%, com índice de inflação global de 15% entre os meses de março e dezembro. Para dimensionar melhor a grandeza desses resultados, é preciso lembrar que, no início do ano — antes do Plano Verão —, os institutos de pesquisa projetavam que a alta de preços chegaria a 750% anuais a partir de julho de 1986. Eles esperavam, ao mesmo tempo, um movimento especulativo estimulando investimentos massivos e uma nova recessão econômica. Como foi posto de pé esse plano que o Banco Mundial, num relatório recente, considera "a iniciativa econômica e financeira mais importante tomada no Brasil ao longo das últimas décadas"? Quem são os perdedores e os vencedores da era do Cruzado, a nova moeda nacional, criada na ocasião?

As alianças de Tancredo Neves

É preciso se lembrar do isolamento político em que o presidente José Sarney estava na virada do ano de 1985. Tendo chegado à Presidência da República em condições dramáticas, Sarney se apoiou em alianças políticas e militares laboriosamente costuradas pelo presidente eleito, Tancredo Neves. Formada pelo PMDB, a principal agremiação de oposição aos militares, e pelo PFL, dissidência do partido que sustentara o regime autoritário, a coalizão governamental foi sacudida pelos resultados contraditórios das eleições de novembro de 1985, destinadas a preencher o cargo de prefeito nas capitais dos estados. O PMDB obteve a maioria dos postos, mas enfrentou uma grave derrota em São Paulo. Para além do controle da maior cidade da América do Sul, o PMDB — cuja direção nacional é majoritariamente composta por eleitores com origem em São Paulo — perdia também a viga mestra de sua estratégia. Vulnerável em sua praça-forte, o partido sucumbiu a forças centrífugas, enfraquecendo sua influência nacional e seu peso no governo federal.

Ao mesmo tempo, os setores mais conservadores da coalizão no poder retomaram a ofensiva, conseguindo em especial restringir o alcance da reforma agrária ruidosamente anunciada pelas autoridades da "Nova República". Paralisado pelos conflitos internos em sua equipe de governo, Sarney não parecia capaz de resolver o pesado contencioso econômico e social legado pelo regime militar. Numerosas vozes começaram a pôr em questão a legitimidade do governo, e Leonel Brizola, governador do Rio de Janeiro, preparava o lançamento de uma campanha nacional pela redução da duração do mandato presidencial e pela organização de eleições diretas para a Presidência da República. Nesse sentido, a primeira vitória do Plano Verão foi eminentemente política: tranquilizados pela popularidade do plano, o presidente Sarney e o governo puseram seus detratores na defensiva, ganhando assim uma nova e confortável margem de manobra.

Os fatores propriamente econômicos também tiveram papel importante. Na sequência da severa seca de 1985, os preços agrícolas aumentaram rápido, alçando a taxa de inflação a níveis nunca vistos no Brasil. Mas a própria amplitude do fenômeno suscitou certo consenso quanto aos possíveis remédios. Admitia-se cada vez mais que, para além de determinado limite de inflação, as medidas de redução gradual na alta de preços não estavam mais funcionando. Apenas um tratamento de choque — congelamento de preços, estabilização dos salários e do câmbio, eliminação dos mecanismos de indexação embutidos na economia — poderia ter chances de sucesso, ao menos no curto prazo. Era esse o principal ensinamento dos planos anti-inflação já empregados em Israel e na Argentina. Assim, a partir de dezembro de 1985, economistas partidários dessa solução e perfeitamente informados dos exemplos israelense e argentino foram mobilizados até Brasília.

Algumas particularidades distinguiam, no entanto, o Plano Austral de Raúl Alfonsín do Plano Verão. Preparado a partir de discussões realizadas entre o governo de Buenos Aires e os dirigentes do FMI e do Tesouro dos Estados Unidos, o plano argentino fixava objetivos monetários rigorosos e incluía aumento imediato da taxa de juros. Essas restrições monetárias, que afetaram profundamente os empresários, são muito mais suaves no caso brasileiro. Os assalariados brasileiros também parecem ter sido mais bem tratados que os seus colegas argentinos. Enquanto os salários reais baixaram na Argentina após o Plano Austral, o poder de compra dos trabalhadores brasileiros, pelo contrário, melhorou após a introdução do cruzado, provocando, aliás, aumento rápido no consumo de alimentos e de bens não duráveis, o que traz novos problemas para o país. Sem dúvida, o contexto argentino era bem mais difícil que o do Brasil. De um lado, uma economia em recessão, de outro uma produção que havia retomado o ritmo de crescimento.

Quando o plano foi anunciado, o Brasil dispunha — como consequência de um ambiente internacional mais favorável, com a queda do preço do petróleo, o dólar mais baixo e a redução dos juros da dívida externa — de reservas de divisas de um montante de 11 bilhões de dólares. Tratava-se de um ativo essencial para facilitar a importação de produtos de primeira necessidade, que não faltariam nas lojas em razão do aumento da demanda e das manobras especulativas dos produtores nacionais (caso da carne, do leite e de certos itens de alimentação). Ao tornar público o Plano Verão, o governo brasileiro dava, no entanto, um salto fantástico no escuro. Qual seria o comportamento dos agentes econômicos, intoxicados por três décadas de inflação acelerada? Como a população do imenso Brasil reagiria em face de medidas complicadas e radicais, concebidas no segredo dos gabinetes ministeriais?

O sucesso da operação reside em larga medida em fatores ao mesmo tempo psicológicos e políticos. Nada, ou quase nada, teria sido possível sem o extraordinário apoio popular do qual as novas medidas se beneficiaram. Ao anunciar as reformas por meio de uma grande manobra midiática, Sarney exortou a população a se mostrar extremamente vigilante à manutenção dos preços verificados em 28 de fevereiro, data do início do plano. Todos os cidadãos estavam, a partir de então, habilitados a carregar o título de "fiscais do Sarney". Seguiu-se uma mobilização intensa dos consumidores, de início visando os comerciantes mais habituados à valsa das etiquetas, depois os industriais, que modificavam o peso e o preço dos produtos.

Depois de duas décadas de arbítrio político e crise econômica, todo brasileiro tinha a partir de então plena liberdade para denunciar os especuladores. Cotidianamente, a televisão mostrava donas de casa sorridentes e vitoriosas, diante das portas dos supermercados pegos no flagra e fechados pela Polícia Federal. Essa "nova cidadania" muito particular, nascida fora dos partidos políticos e instaurada de um dia para outro pela graça presidencial, não é a menor das ambiguidades do Plano Verão.

Interromper a inflação galopante aliviou uma população que enfrentara duras provações. Ao contrário das camadas abastadas, que podiam não apenas preservar, mas também aumentar sua renda graças aos diferentes mecanismos de indexação e à especulação imobiliária e financeira, a maioria dos assalariados não tinha nenhum meio de escapar da alta infernal dos preços. Mais dramática ainda era a situação das centenas de milhares de trabalhadores não organizados — empregadas domésticas e operários não sindicalizados das cidades e do campo —, cada vez mais encurralados em discussões difíceis e humilhantes com os patrões, buscando reduzir a inelutável erosão do poder de compra. Melhor que todos os outros índices, o aumento no consumo de produtos alimentares e de medicamentos para tratar as doenças trazidas pela subnutrição e pelas más condições de moradia prova que os mais desfavorecidos estão entre os beneficiários do Plano Verão.

Na mesma ordem de ideias, as medidas de acompanhamento do plano, editadas em 23 de julho a fim de reduzir a demanda de bens e serviços não essenciais e de financiar o novo Fundo Nacional de Desenvolvimento (FND), foram bem recebidas pela opinião pública. Fato inédito no Brasil, as pesquisas mostram que a maioria da população não avalia que se beneficia diretamente desse segundo pacote de medidas, mas considera que elas são necessárias para o país. Importante para o futuro, esse dado testemunha a emergência de uma nova consciência coletiva numa sociedade desmoralizada e aviltada por vinte anos de regime autoritário.

Paralelamente a seus indiscutíveis sucessos nos planos econômico e social, a política presidencial projeta certas zonas de sombra na redemocratização do país. Às vésperas das eleições para a Assembleia Nacional Constituinte, tudo aconteceu como se as iniciativas de Sarney apenas acentuassem uma despolitização visível desde a eleição de Tancredo Neves pelo voto indireto. Tributário da televisão e da audácia dos economistas que o cercam, Sarney articula sua atuação ao redor de ideias de modernização ambíguas e vira as costas aos partidos políticos e ao Congresso.

Essa despolitização, preocupante num país de tradição autoritária, deve-se em larga medida à desagregação do PMDB. Ainda que seus economistas tenham tido papel preponderante na elaboração do Plano Verão, o partido não tirou nenhum benefício da atual retomada econômica. Desfigurado pelas adesões de políticos saídos das fileiras do regime militar, ele não soube evitar as concessões, tergiversando, no Congresso, na hora de votar textos decisivos para o futuro da democracia. É o caso do projeto de lei sobre a eleição em dois turnos para os postos de prefeito e governador. Num sistema de partidos múltiplos como o do Brasil, apenas com a votação em dois turnos seria possível impedir que candidatos de correntes minoritárias, e mal dispondo de maioria relativa de votos, tenham acesso de uma só vez ao comando das grandes cidades e dos estados. A atual fragmentação política e a televisão, todo-poderosa nas campanhas eleitorais, tornam ainda mais urgente a instauração dos dois turnos para que a maioria relativa dos votos efetivamente se torne maioria absoluta. O principal interessado na introdução desse corretivo, o PMDB, dispõe da maioria dos assentos no Congresso. Entretanto, em razão da abstenção de seu líder, Ulysses Guimarães, presidente da Câmara dos Deputados, o projeto foi rejeitado por uma pequeníssima maioria.

Astenia política

Esse grave erro logo foi sancionado pela eleição de Jânio Quadros à prefeitura de São Paulo, em novembro de 1985. Em oposição a partidos populares e democráticos que reuniam a maioria dos votos mas não apresentaram candidatura única, Jânio, com 38% dos votos, viu-se assim no comando da maior cidade brasileira. A mesma causa pode produzir efeitos semelhantes nas eleições de novembro, para governador. Paulo Maluf — candidato do regime militar na eleição indireta que levou Tancredo Neves à vitória — já aparece como vencedor possível em São Paulo.

A campanha eleitoral revelou outros sinais de degradação do clima político. Cerca de trinta partidos apresentaram candidatos. A partir de então, as transferências de uma sigla para outra se multiplicaram em todos os estados, turvando ainda mais a paisagem política. Na verdade, a maioria dessas mudanças de etiqueta respondem a conveniências eleitoreiras, e não a imperativos ideológicos. Assim, as alianças entre os partidos são determinadas mais pelo tempo de TV de que cada um dispõe durante a campanha oficial do que pelo programa do partido. Essa crise de identidade desemboca em uma verdadeira crise da representação parlamentar.

Esses fenômenos tiveram, até o momento, pouca incidência no desenvolvimento do Plano Verão, mas tal processo de desestruturação política não facilitará a adoção de reformas econômicas. Se o controle da inflação limita a erosão do poder de compra dos trabalhadores, ele não traz nenhuma mudança na desigualdade de renda que distorce a sociedade brasileira. Por meio da aceleração da corrida entre preços e salários, a inflação alterava sem cessar todos os indicadores econômicos e fazia nascer a "ilusão monetária".

Os assalariados recebiam aumentos aparentemente substanciais, logo devorados pela alta do custo de vida, mas a frequência lhes dava a impressão de melhora. Hoje as máscaras caem. Quem estava na base da pirâmide salarial sabe a extensão de seu desalento. As greves se multiplicaram entre os metalúrgicos do ABC Paulista. Sem dispor de dispositivos políticos ou sindicais para explicar sua política, o governo teve que trazer para a frente suas estrelas ministeriais — Dilson Funaro, pai do Plano Verão, e Almir Pazzianotto, ministro do Trabalho — para debater com os sindicatos, as organizações patronais e as associações de comerciantes e de consumidores.

Sarney considera, com razão, que o Brasil não pode entrar no terceiro milênio sem eliminar a pobreza e a miséria que atingem três quintos da população. Resta saber como a democracia brasileira atravessará a virada dos anos 1980, caso se mantenha no estado atual de astenia política.

O Brasil contra o presidente Collor

OUTUBRO DE 1992

Dois anos e meio após o início de seu mandato, Fernando Collor de Mello, o primeiro chefe de Estado eleito democraticamente no Brasil desde o fim da ditadura militar, acusado de tráfico de influência e corrupção, pode ser demitido de suas funções na sequência de manifestações democráticas e de um processo constitucional sem precedente em um país em desenvolvimento. Resultado da ação conjunta do Congresso, do procurador-geral da República, da imprensa e da opinião pública, o procedimento de destituição presidencial (impeachment) iniciado na Câmara dos Deputados e a menção de "fatos delituosos" pelo procurador-geral demonstram a extensão da crise da nova democracia brasileira e jogam luz sobre o processo das forças conservadoras e neoliberais que sustentaram a candidatura de Collor de Mello.

Já se apontou muitas vezes o caráter particular da eleição de dezembro de 1989, na medida em que os cidadãos brasileiros, pela primeira vez desde a eleição de Jânio Quadros, em 1960, votaram livremente para escolher de forma direta o presidente da República. Na realidade, o caso de 1989 tinha poucas similaridades com o de 1960. O Brasil que levou Jânio à Presidência em 1960 ainda era um país predominantemente rural, mantido em rédea curta pelas oligarquias, praticamente desprovido de imprensa independente e de opinião pública em escala nacional.

A eleição de 1989 se desenrolou, ao contrário, em uma sociedade urbanizada e estruturada por uma longa luta antiautoritária que levou ao fim do regime militar e à proclamação da Constituição democrática de outubro de 1988. Empregado pela primeira vez no Brasil, o sistema de votação majoritária em dois turnos deu lugar a barulhentos debates televisivos entre Collor de Mello e Luiz Inácio Lula da Silva, candidato do PT e da esquerda brasileira.[1]

Apesar dos procedimentos caluniosos durante a campanha eleitoral e da atitude descaradamente partidária da principal rede de televisão do país, a Globo,[2] cujo presidente, Roberto Marinho, confessou recentemente ter "dado" seu canal a Collor de Mello, a legitimidade da eleição de 1989 jamais foi contestada no Brasil.

Contudo, subsiste o fato de que as circunstâncias particulares dessa eleição traziam presságios sobre certos impasses que o país enfrenta atualmente. Com origem no pequeno estado de Alagoas, Collor de Mello recorreu ao Partido da Renovação Nacional (PRN) para lançar sua candidatura. Com a ausência do PRN no Senado, na Câmara dos Deputados e em outros estados da federação, era de prever relações difíceis entre o novo presidente e o Congresso. Ao reeditar a estratégia desastrosa desenvolvida em 1961 pelo presidente Jânio Quadros, Collor de Mello lançou-se em uma política de fuga para a frente, para provocar um curto-circuito no Congresso.

Medidas lançadas com grande cobertura midiática não conseguiram interromper a inflação (Plano Collor)[3] nem reformar a administração federal, tampouco retomar o desenvolvimento econômico, enquanto a dívida externa subiu para 122 bilhões de dólares. As iniciativas erráticas da primeira equipe ministerial, composta de pessoas inexperientes e de aventureiros, acentuaram a recessão e a bagunça administrativa sem atenuar a alta dos preços. A despeito das mudanças ministeriais que ocorreram ao longo dos últimos meses, a crise econômica e social se aprofundou. Com taxa de cerca de 25% por mês, o Brasil é o único país da América Latina onde a inflação mensal ainda atinge dois dígitos.

Simultaneamente, a imprensa escrita e o Congresso revelaram o complexo circuito de fraudes e desvios organizado pelas altas instâncias federais, com a cumplicidade do presidente da República,[4] que lhe teria permitido desviar em proveito próprio dezenas de milhões de dólares. Nas grandes cidades, milhares de manifestantes se reúnem quase todos os dias para pedir a demissão de Collor de Mello.

A situação atual é paradoxal. Com exceção dos votos colhidos nos setores atingidos pelo "grande medo de 1989" — isto é, os proprietários, tais como o presidente da TV Globo, que temiam acima de tudo a vitória de Lula da Silva e da esquerda —, Collor de Mello tinha conseguido, na época, convencer muitos eleitores de que era o mais determinado adversário da corrupção na administração federal. Como o chefe de Estado e as correntes de direita que o apoiaram chegaram à desastrosa situação atual e a essa derrota histórica?

Na verdade, os acontecimentos talvez tivessem tomado outro rumo se a taxa de inflação tivesse começado a baixar. Na Argentina, onde as malversações governamentais e o desemprego são quase tão consideráveis quanto os do Brasil, a redução substancial na alta de preços deu novo fôlego ao presidente Carlos Menem. Para além de seu aventurismo, Collor de Mello paga hoje o preço da falência de sua política econômica, cujo fracasso era largamente previsível.[5] No entanto, enquanto a instituição presidencial se enfraquece sob o peso do fracasso governamental, assistimos a uma vigorosa ação do Congresso em favor do respeito à Constituição e à democracia.

Uma indústria do tráfico de influência

Instalada pela Câmara dos Deputados, a Comissão Parlamentar de Inquérito (CPI) destinada a investigar as atividades de Paulo César Farias, amigo próximo e colaborador de Collor, elaborou, ao fim de três meses de investigações e estudos, um relatório que surge como um dos mais importantes documentos políticos da história contemporânea brasileira. Esse documento sublinha a concordância intencional entre as medidas econômicas tomadas pelo regime e as fraudes perpetradas em benefício de Collor e de seu círculo próximo. "É evidente", escreveu o relator, "que o sr. Presidente da República recebeu, de maneira permanente, ao longo de seus dois anos e meio de mandato, vantagens econômicas aduzidas sob a forma de depósitos bancários."[6]

Verdadeiro xerpa da corrupção federal, Farias se beneficiou de informações privilegiadas fornecidas pela equipe governamental para montar uma vasta rede de extorsão, fraudes financeiras e reciclagem de recursos secretos cujas ramificações chegam a Miami e aos paraísos fiscais antilhanos. "Todo mundo sabia que era preciso dar de 20 a 30% ao PC Farias para conseguir um contrato", declarou um homem de negócios estrangeiro.[7] "À sombra da reforma administrativa, prosperou uma nova indústria do tráfico de influência e da venda de facilidades", segundo os relatores da CPI.

Estes não hesitam em interpretar a ofensiva antiestatal lançada por Collor de Mello sob a capa de ideologia neoliberal como uma "operação deliberada" visando à pilhagem de recursos privados e públicos. Tomado de assalto, o Estado brasileiro, que era indolente, tornou-se inoperante. Ao propor uma reforma completa da legislação eleitoral e destacar o papel de uma administração moderna e eficaz para coibir os abusos dos poderes e das malversações cometidas pelo círculo presidencial, a CPI renova a missão histórica do Congresso e do Estado brasileiro.

Além do mais, o encaminhamento do inquérito parlamentar e as buscas que levaram à coleta de provas, à convocação das testemunhas e depois à redação do relatório da CPI ilustram, de um lado, o movimento de repolitização da sociedade e, de outro, os conflitos entre as facções de direita. É preciso antes de mais nada assinalar a ação decisiva da imprensa escrita. É também patente que setores da burocracia federal e das empresas públicas, cujos interesses haviam sido contrariados pela atuação de Farias ou pelas iniciativas erráticas do presidente da República, forneceram aos jornalistas dossiês comprometedores para Collor de Mello e seu círculo.

No entanto, sem o trabalho determinado de uma nova geração de jornalistas, tão perspicazes quanto irreverentes em relação ao poder, a CPI teria saído pela culatra. O caráter conformista, e até mesmo servil, das informações sobre o governo federal veiculadas na televisão levou os jornais, sobretudo as revistas semanais, a aprofundar suas investigações e análises políticas. Por fim, o papel da Procuradoria--Geral da República (PGR) também deve ser posto em evidência. De fato, a Constituição de 1988 assegurou a independência desse órgão em relação ao Ministério Público, mas foi a personalidade do atual procurador-geral, Aristides Junqueira, cuja retidão moral e saber jurídico impressionam o país, que deu a esse cargo toda sua importância.

Após um início hesitante, a CPI, usando de seu poder de quebrar os sigilos bancário e fiscal, entrou em afinação com a imprensa e os órgãos da sociedade civil. Com efeito, paralelamente ao trabalho dos jornalistas, os deputados foram ajudados por experts do Sindicato dos Bancários, do Sindicato dos Servidores do Tesouro Nacional e outros especialistas que foram espontaneamente para o Congresso. Pouco a pouco, o país descobriu que os serviços da administração federal estavam atravessados por um movimento de rebelião contra a atuação presidencial. Assim que o governo quis, por sua vez, fazer pressão sobre os deputados, com ameaças de perseguição aos eleitos em dívida com o fisco, os funcionários do Tesouro e da Receita Federal se recusaram a cooperar, e a manobra foi interrompida.

A publicação do relatório da CPI relançou as manifestações públicas antigovernamentais. Além disso, fez os bispos católicos saírem da reserva com que observavam tudo, desde o início da crise. Enquanto o cardeal de São Paulo, dom Paulo Evaristo Arns, atacou diretamente o presidente da República, os bispos afirmaram: "A sociedade não aceita mais viver sob o espetáculo constante do desvio de recursos públicos em benefício de enriquecimentos ilícitos".

Rodeado de políticos corruptos, temendo vaias quando aparece em público, Collor de Mello, assim como os delinquentes que não podem mais eliminar a prova de seus malfeitos, agora recorre a artifícios jurídicos para retardar o trâmite formal da acusação. Triste fim para um presidente que foi apresentado por parte da imprensa brasileira e internacional como uma "das estrelas mais brilhantes do neoliberalismo na América Latina".

Vitória do Plano Real

OUTUBRO DE 1994

Ao fim de uma campanha eleitoral chacoalhada pelo plano governamental anti-inflacionário, o Plano Real, e de um mandato presidencial iniciado por Fernando Collor de Mello (demitido, por crime de peculato, pelo Congresso em 1992) e concluído por Itamar Franco, vice-presidente que se tornou chefe de Estado, 90 milhões de eleitores escolhem o novo presidente do Brasil.

Preparada durante longos meses pela equipe do antigo ministro da Economia e atual postulante à Presidência, Fernando Henrique Cardoso, a reforma monetária que entrou em vigor em julho levou ao desaparecimento das notas de dinheiro em circulação, substituídas por uma nova moeda, o real, o que provocou importantes mudanças econômicas e políticas. Ao fazer a taxa mensal de inflação cair de 45% para 5%, esse plano foi muito bem recebido pela população, e assim de imediato Fernando Henrique, candidato do governo e da coalizão formada pelo Partido da Social Democracia Brasileira (PSDB), PFL e PTB, estava em primeiro lugar nas pesquisas.

Na liderança das pesquisas por muito tempo, Luiz Inácio Lula da Silva, candidato da aliança de esquerda, composta pelo PT, PSB e alguns pequenos partidos de extrema-esquerda, registrou ao mesmo tempo forte queda na simpatia dos eleitores. Apesar das mudanças introduzidas em seu discurso, agora favorável ao Plano Real, que ele havia no entanto criticado de forma prematura, e apesar dos últimos desdobramentos de uma campanha marcada por acusações de favorecimento oficial lançadas contra o candidato do governo, o jogo parece ganho. Salvo algum imprevisto, Fernando Henrique Cardoso, intelectual conhecido no Brasil e no exterior, será eleito, e ao que parece já no primeiro turno, presidente da República.

Como explicar essa brusca reversão de tendência? Desde as manifestações populares e o processo que desembocou na demissão de Collor, Lula, candidato que perdeu no segundo turno presidencial de 1989, aparecia regularmente como favorito para o pleito de 1994. Há alguns poucos meses, o líder do PT foi recebido nos Estados Unidos com muitas atenções por parte dos meios políticos e dos dirigentes dos grandes bancos credores da dívida externa brasileira, resignados em ver nele o futuro chefe de Estado.

Na verdade, Lula e toda a esquerda brasileira subestimaram a desordem criada no país pela hiperinflação. Também subestimaram a habilidade política de Fernando Henrique, o qual, nem bem foi nomeado ministro, conseguiu dar uma direção firme e sólida ao governo indeciso do presidente Itamar Franco, além de ter conseguido interromper a alta dos preços, insuflando novo otimismo em todas as camadas da população. O Plano Real é, com efeito, aprovado por quatro cidadãos em cinco, inclusive a maioria (65%) dos eleitores de Lula.

O Partido dos Trabalhadores está, além do mais, desfavorecido pelas particularidades do atual pleito. Pela primeira vez desde 1950, quando Getúlio Vargas foi eleito presidente, os eleitores foram chamados a escolher em um único pleito o presidente da República, o governador, os deputados das Assembleias Legislativas, assim como os deputados federais e os senadores, representando o estado onde residem. Para os 1.700 mandatos, quase 36 mil candidatos se enfrentaram.

Desde então, em cada um dos 27 estados da federação, assim como em Brasília, os candidatos à Presidência deviam contar com o esforço dos aliados regionais, principalmente aqueles que disputavam os cargos de governador ou de senador. Ora, nem o PT nem os partidos de esquerda que o sustentam dispõem de estrutura nem de candidatos bem implantados na maior parte dos estados. Os aliados de Lula só ficam em posição favorável no pequeno estado do Espírito Santo e em Pernambuco, onde Miguel Arraes, líder carismático do PSB, está prestes a assumir, pela terceira vez, o mandato de governador.

Convencido de que poderia conduzir a campanha eleitoral sem fazer concessões à "política política", Lula não fez uma boa avaliação do que estava em jogo. Divididos em tendências, os dirigentes do PT apoiaram, para obter unidade em torno de Lula, candidatos a governador desprovidos de base eleitoral nos estados, mas com influência na esfera da direção nacional do partido. A assimetria entre as tendências do partido e a política tradicional do sistema federativo, particularmente evidente nos grandes estados de Minas Gerais, São Paulo, Paraná e Rio de Janeiro, contribuiu para que o eleitorado de Lula encolhesse.

Esses equívocos estratégicos, somados ao sucesso do Plano Real e à campanha midiática em torno da nova moeda e do candidato FHC pelos canais de televisão, em particular pela superpoderosa Rede Globo (instrumentalizada desde a eleição de Collor em 1989), aparentemente selaram o destino do candidato de esquerda.

A vitória quase certa de Fernando Henrique traz uma interrogação importante. De quem será essa vitória no interior do governo? Da corrente reformista e modernizadora, representada por FHC e seu partido, o PSDB? Ou das forças de direita, reunidas atrás de seu aliado do PFL e do candidato da vice-presidência, Marco Maciel, criatura da ditadura militar e conhecedor dos meandros da política conservadora nas regiões pobres do Nordeste?

Se é verdade que o PTB poderá se satisfazer com algumas prebendas governamentais, também é certo que o PFL, muito mais dependente de recursos públicos para irrigar suas redes de poder, vai ser bem mais exigente. No PSDB, espera-se poder aproveitar o impacto da vitória de Fernando Henrique para redesenhar um novo quadro de alianças. Entre os partidos de esquerda e centro-esquerda chacoalhados pela derrota, alguns dos eleitos poderiam, eventualmente, aceitar se reagrupar em torno do PSDB, a fim de formar uma maioria presidencial afastada do PFL e situada mais à esquerda. No entanto, a viabilidade desse cálculo político dependerá, em boa parte, do controle durável da inflação e da continuidade do crescimento econômico. Essa aposta está longe de estar ganha.

Um movimento sindical potente

Para combater a inflação, o Plano Real prevê a redução rápida dos impostos de importação. Favorável, num primeiro momento, aos consumidores, essa medida pode acentuar o desaparecimento de empregos industriais. Em relação a isso, a atitude do movimento sindical será decisiva, pois, a despeito de seu rótulo social-democrata, o PSDB não dispõe de ancoragem nas organizações de trabalhadores. E é preciso levar em consideração um dos fenômenos menos destacados do desenvolvimento da sociedade brasileira durante as últimas décadas: o crescimento regular, tanto nas cidades como no campo, do movimento sindical.

As câmaras setoriais, reuniões periódicas nas quais sindicatos, patrões e governo estudam a redução dos impostos e a planificação de atividades a fim de estimular o investimento, a produtividade e o emprego, mostraram sua eficácia na modernização da indústria de automóveis. Hostis a esses trâmites tripartites e às reduções de impostos, os conselheiros de FHC tiveram que se render às evidências: a alta na produção e nas vendas de carros permitiu o aumento das receitas do Estado.

Sustentadas com determinação pela Central Única dos Trabalhadores (CUT) — muito próxima do PT e que reúne 2.100 sindicatos que agrupam 16 milhões de trabalhadores, majoritariamente do setor privado —, as câmaras setoriais revelaram ao patronato e à opinião pública o despertar de um movimento sindical atento às mutações em curso nas trocas internacionais. Da aproximação entre esse moderno sindicalismo e a nova equipe governamental poderia nascer uma verdadeira corrente social-democrata capaz de mudar de maneira duradoura a política nacional. O enfrentamento entre essas duas forças teria, pelo contrário, consequências nefastas para a economia e, mais além, para a democracia brasileira.

POSFÁCIO

Um olho no presente e outro no passado

RODRIGO BONCIANI

Foi em 2017, quando reunia as entrevistas de Luiz Felipe de Alencastro para publicá-las em livro,[1] que descobri estes artigos. Naquele momento, a palavra "golpe" tinha voltado a fazer parte do vocabulário nacional para denunciar o impeachment de Dilma Rousseff e a ascensão de seu vice, Michel Temer, à Presidência da República. A participação de militares no "movimento" — para usar um eufemismo do ministro do Supremo Tribunal Federal (STF) Dias Toffoli —, somada à intervenção militar no Rio de Janeiro comandada pelo general Braga Netto e à presença de fardados em quadros estratégicos do novo governo, revelava uma sinergia entre civis e militares que não víamos desde o fim da ditadura.[2]

Em seguida, o retorno dos militares ao centro da política nacional assumiu um caráter sinistro: um ex-capitão, expulso do Exército em 1988 por insubordinação e terrorismo, deputado federal associado a milícias cariocas, foi eleito para comandar as Forças Armadas e o país. Durante o governo de Jair Bolsonaro (2019-22), vivemos sob um estado de exceção, e ao fim dele assistimos a uma eleição apertada, cujo resultado desfavorável ao então presidente levou grupos de pessoas a acamparem em frente de quartéis de todo o país pedindo intervenção do Exército. Em 8 de janeiro de 2023, muitos desses bolsonaristas seguiram em passeata, escoltados pela Polícia Militar do Distrito Federal, até a praça dos Três Poderes para invadir e depredar o Palácio do Planalto, o Congresso Nacional e o prédio do STF. Como uma democracia pôde conviver com esse "movimento", formado aos poucos e na ilegalidade, com a conivência de batalhões, oficiais e polícias militares, bradando palavras de ordem e empunhando faixas que atentavam contra a democracia e o Estado de direito?

O novo governo eleito em 2022, de Luiz Inácio Lula da Silva — que se posiciona na esquerda —, terminou o seu primeiro ano com a criação da Lei Orgânica Nacional das Polícias Militares e dos Corpos de Bombeiros Militares (Lei n. 14 751), que manteve a estrutura policial definida no decreto-lei n. 667, de 1969, e normatizou a entrada dos agentes na política. Além disso, sacrificou as pautas socioambientais em nome do "desenvolvimento" e da "integração nacional", na lógica estabelecida durante a ditadura. É o caso do PAC da Integração, um Programa de Aceleração do Crescimento que prevê a construção de cinco estradas que rasgam o Brasil e seus principais biomas, inclusive a Amazônia, conforme anunciado pela ministra do Planejamento e Orçamento, Simone Tebet, e pelo presidente do Banco Nacional de Desenvolvimento Econômico e Social (BNDES), Aloizio Mercadante. Por que o desenvolvimentismo, a violência estatal e o benefício de poucos continuam sendo os motores da história brasileira?

A história da transição da ditadura para a democracia, entre 1979 e 1989, é a principal chave para entender nossa história recente, e os principais elementos dessa conexão histórica estão em destaque nos artigos de Alencastro reunidos neste volume. Imbuído da força guerreira de seu pseudônimo, Julia Juruna, ele nos encara com a borduna na mão e proclama: "Decifra-me ou te devoro!".

Inéditos em português, os artigos de Luiz Felipe de Alencastro selecionados para esta obra foram publicados no *Le Monde Diplomatique* e no *Le Monde* entre 1976 e 1994, e constituem uma observação, feita no calor do momento, e a análise, na distância do exílio, da ditadura brasileira. O historiador e cientista político retorna ao Brasil em 1986, já diante da miragem da Nova República. Alencastro tinha trinta anos quando estreou sua colaboração no *Diplô* e escolheu o pseudônimo feminino por sugestão de uma amiga feminista francesa:

"Os latino-americanos, em geral, são tão machistas, tanto à direita quanto à esquerda, que acham que você nunca vai abdicar dos atributos masculinos".[3] No início da década de 1970, os Juruna/Yudjá, liderados pelo cacique Mário Juruna, haviam protestado em Brasília contra o genocídio indígena perpetrado pela ditadura militar. A comissão foi ignorada pelos funcionários do regime. Revoltado, Alencastro criou o nome Julia Juruna, que também lhe permitia fugir da perseguição insidiosa praticada pelas Embaixadas brasileiras.

Ele havia partido para a França em 1966, dez anos antes de publicar os primeiros textos, quando se desvaneceu a promessa de que o golpe restituiria a normalidade democrática e aumentaram as ameaças sobre os dissidentes. Alencastro estudava na recém-criada Universidade de Brasília (UnB), símbolo da luta democrática, rapidamente atacada pelo regime. Alguns anos depois do exílio, no começo da década de 1970, dois de seus amigos da Federação dos Estudantes Universitários de Brasília (Feub) — Paulo de Tarso Celestino e Honestino Guimarães — foram assassinados pela ditadura. No prefácio de seu livro *O trato dos viventes: Formação do Brasil no Atlântico Sul, séculos XVI e XVII*, Alencastro diz que "entender a sua morte, entender o Brasil, era o que queria fazer dali em diante".[4]

Com uma bolsa de estudos na França, chegou a Paris e foi recebido pela comunidade de brasileiros exilados. Frequentava e admirava Celso Furtado, ex-ministro do Planejamento de João Goulart, naquele momento professor da Sorbonne e da Escola de Estudos Avançados em Ciências Sociais (EHESS). Também era muito próximo de Miguel Arraes, ex-governador de Pernambuco, cassado pelo regime. Depois de uma temporada em Paris, Alencastro decidiu seguir para o Sul do país, em busca de bons ares, por ser asmático e sofrer com a poluição da cidade. Também pesou na decisão a alta qualidade da Sciences Po em Aix-en-Provence, com professores como Georges Duby, Michel Vovelle e Paul Veyne, entre outros. Lá, graduou-se em história e ciência política.[5]

Essa dupla graduação traduz as inquietações do jovem Luiz Felipe. Pela lente da história, ele queria investigar o passado brasileiro e, por meio da ciência política, entender seu presente histórico. Nos artigos reunidos neste livro, ele exercitou essa perspectiva, o que definiu o diferencial de sua trajetória intelectual: Alencastro sempre tem um olho posto no passado e outro no presente. O primeiro observa a história como lugar de luta e resistência em um tempo marcado por opressão e coerção; o segundo mira a história que se repete ou se reconfigura como tragédia ou farsa. Do passado, os artigos destacam o escravismo luso-brasileiro, a Revolução de 1930, a ditadura de Getúlio Vargas (1937-45) e o interlúdio democrático entre 1946 e 1964 para pensar o Brasil da ditadura civil-militar, a "liberalização sob controle" e os primeiros anos da nova democracia. O livro então nos convida e nos dá ferramentas para replicar esse perspectivismo, a fim de iluminar nosso presente em 2024 — sessenta anos depois do golpe, quarenta desde a campanha pelas Diretas Já e trinta do Plano Real.

O olho no passado, notável no primeiro texto da coletânea, foca no tema maior da obra de Alencastro como historiador, o escravismo brasileiro. Elemento fundante e estruturante da história do país, definidor das relações sociais, do pacto político nacional e do modelo agroexportador, o escravismo estabeleceu "a violência e o terror" como motores de nossa história, que se deslocou, conforme analisa Julia Juruna, das senzalas às favelas, delegacias e prisões. Do processo de abolição, Alencastro destaca a argumentação liberal dos senhores de escravos, segundo a qual a economia brasileira seria arruinada com uma abolição "prematura". O argumento serviu aos "círculos mais influentes de Londres", que eram os principais credores do país e se preocupavam com a insolvência do Estado, permitindo ao Brasil ser o último país do mundo a acabar com a escravidão ("Brasil, o despotismo tropical", p. 7). Para Alencastro, o escravismo é a marca (*karimu*, "carimbo")[6] de nossa história, da barbárie brasileira, que se prolongava e se reconfigurava na ditadura como "despotismo tropical".

Alencastro concluiu a Sciences Po em 1970 com uma monografia que analisava a abolição da escravidão no século XIX. Retornou então a Paris e decidiu investigar o início do processo escravista, sob orientação de Frédéric Mauro — discípulo de Fernand Braudel e da Escola dos Annales, movimento historiográfico que rompeu com a história centrada nos grandes eventos e heróis para valorizá-la como processo que envolve a participação de outros sujeitos. As ciências humanas tinham grande prestígio naquela época, e a América Latina ocupava lugar de destaque na academia e na política francesas; Alencastro destaca a convivência com diferentes comunidades de exilados latino-americanos (brasileiros, chilenos, uruguaios e argentinos) e a presença deles nos seminários promovidos no Instituto de Estudos Avançados da América Latina, na rua Saint-Guillaume.[7]

Foi *Casa-grande & senzala*, de Gilberto Freyre, obra resenhada em "Racismo e mitos brasileiros", segundo artigo deste volume, que operou a transformação da barbárie escravista em uma ideia positiva de civilização brasileira, fundamentada no mito da democracia racial. Mito alimentado pela ditadura para encobrir a brutalidade dos racismos estatal militarizado e miliciano ao longo do regime. Essa violência não foi colocada na conta dos civis e militares de então e continua operando hoje em dia, fazendo da ditadura brasileira uma das mais brutais da história. Aos olhos de hoje, apresenta-se como marco de uma nova tecnologia de morte, a necropolítica.[8]

Em Portugal, com o envolvimento direto de Gilberto Freyre, o regime salazarista (1932-68) adaptou o mito perverso de ausência de preconceitos raciais para reconfigurar o "luso-tropicalismo". No momento em que Alencastro escreve, essa ideologia colonial caía por terra diante dos violentos processos de independência da África lusófona ("Racismo e mitos brasileiros", p. 20). Ele acompanhou essa história de perto, destacando a importância da convivência com estudantes africanos para entender a história colonial e o processo de descolonização. Ademais, mantinha relações com a comunidade de exilados do salazarismo que se reunia em uma livraria lusófona na Rue Gay-Lussac, em torno de figuras como o socialista Mário Soares. Por fim, com a Revolução dos Cravos, em abril de 1974, Alencastro foi a Lisboa para testemunhar o fim de uma das mais longas ditaduras e de uma das mais antigas experiências coloniais da Europa Ocidental. Ao mesmo tempo, vasculhou os arquivos da capital portuguesa em busca de suas raízes luso-afro-brasileiras.[9]

O olho do presente, então, observa a crise atual do socialismo português, ceifado por denúncias de corrupção, e o revigoramento da xenofobia e do racismo de extrema-direita em Portugal. Contra isso, o ex-deputado federal Jean Wyllys, autoexilado por conta de bolsonaristas o ameaçando de morte, convoca as pessoas para "uma nova Revolução dos Cravos". Como seria essa nova revolução? Como evitar que a história insista em se repetir como farsa ou tragédia?[10]

No artigo "Graciliano Ramos e a autópsia de um período sombrio", Alencastro refaz por meio da literatura o percurso da tragédia social do êxodo para as cidades, a partir dos romances *São Bernardo* (1934) e *Vidas secas* (1938). A geração de tenentes que chegou ao poder com a Revolução de 1930 tinha o objetivo de reforçar o aparato estatal, promover a industrialização e o nacionalismo (p. 136). Expulsas do campo para liberar as terras para o latifúndio e o agronegócio, as pessoas foram obrigadas a se deslocar para os centros urbanos, a fim de prover mão de obra barata para a indústria e a construção civil. No mesmo artigo, Alencastro revaloriza as *Memórias do cárcere* (1953), questionando o legado populista de Vargas e mostrando a longa duração do autoritarismo brasileiro. Em suas palavras, "o período constitucional de 1946 a 1964[...] se apresenta como exceção na história recente do país. A tendência autoritária das classes dominantes se inscreve num movimento de longa duração que nunca foi seriamente enfraquecido" ("Que viva a nação!", p. 53).[11] Nos anos 1960 e 1970, como destaca o autor, o país se tornou predominantemente urbano, mas a miséria e a precariedade social foram as marcas dessa transformação.

Alencastro analisa em seus artigos o complexo agroalimentar brasileiro que se desenvolveu nesse período. Mesmo com o processo de industrialização, a economia brasileira continuava muito dependente do estímulo do setor agrícola para diminuir o déficit da balança comercial e conter a inflação. O autor destaca o interesse das multinacionais norte-americanas em se inserir na comercialização da produção agrícola brasileira, fator decisivo para o apoio ao golpe de 1964. Havia uma pressão desses dois elementos — as multinacionais e os fazendeiros e criadores brasileiros —, com base em uma lógica de expansão constante das áreas de produção e de uma "economia do desperdício", na expressão do autor. Alencastro observa que a principal fronteira agrícola se estendia para o Oeste, em direção ao Paraguai e à Bolívia, por meio da "nova" agricultura comercial da soja e, concomitantemente, em direção à Amazônia, numa expansão mais difícil ("Brasil, o despotismo tropical", p. 7).

Quase cinquenta anos depois, a invasão do agronegócio e da extrema-direita brasileira no Paraguai e na Bolívia está completa, com o saldo de um golpe de Estado contra o presidente Fernando Lugo em 2012 no Paraguai e outro em 2019, na Bolívia, contra o presidente Evo Morales.[12] Hoje, o agronegócio continua decisivo para o conjunto da economia e da política nacionais, e o novo governo de Lula reforça o setor. A devastação amazônica se amplia, além da abertura de estradas na lógica da integração da Amazônia estabelecida pela ditadura; novas concessões permitem o início da exploração petrolífera na região e a expansão da mineração. Nesse aspecto, os olhos do passado da ditadura e os do presente continuam vendados, pela ocultação de documentos e pela falta de investigação. Não conseguimos dimensionar o envolvimento dos militares nesses setores da economia, nem como agentes privilegiados da sinergia entre civis e empresas. Qual a participação e o benefício de militares e familiares no agronegócio? Na mineração legal e ilegal, os indícios de envolvimento de militares são um pouco mais conhecidos, como no caso do lobby com o banco canadense Forbes & Manhattan (F&M), ou na inação e complacência com o genocídio nas terras yanomami.[13]

Quando, como argumenta o autor, o movimento popular e o "espectro da 'república sindicalista'" ameaçaram o grande empresariado e o lugar das Forças Armadas no "plano da representatividade nacional", começou a conspiração militarizada. Entre 1962 e 1963, os Estados Unidos, por meio da Agência Central de Inteligência (CIA) e do Pentágono, passaram a ser favoráveis ao golpe de Estado, com a atuação direta e decisiva do embaixador Lincoln Gordon e do general Vernon Walters (que retornaria ao Brasil no governo de Ronald Reagan). Em artigo de 1978, Alencastro analisa documentos inéditos que comprovavam essa participação no golpe. Completaram a cena a Marcha da Família com Deus pela Liberdade, congregando a classe média branca conservadora, assim como o apoio de civis, políticos e veículos de imprensa, que acreditavam na breve restauração da democracia. O golpe foi desfechado em pleno Dia da Mentira ("As divergências entre Washington e o regime militar", p. 40). A partir de então se iniciou uma disputa de narrativas, em que as palavras "revolução", "golpe" e "democracia" ganharam significados distintos de acordo com os interlocutores.

Na versão dos militares e da direita civil, o golpe foi uma revolução que, por um lado, salvou a democracia brasileira da ameaça comunista e, por outro, conteve os setores radicais, "fascistoides" que queriam implantar um regime totalitário de direita. Assim, o regime estabelecia um "equilíbrio perverso" que manteve uma "democracia de fachada" e prolongou a ditadura por mais de vinte anos ("Os militares brasileiros diante das armadilhas da 'liberalização'", p. 26). Vale lembrar a permanência de tais ideias em nosso país. Nas "Ordens do Dia" de 31 de março, entre 2019 e 2022, o Exército reiterou essa versão da história, na lógica de uma comunicação hierárquica dentro da caserna e fazendo uso estratégico das redes sociais para difundi-la para a sociedade.[14] Em meio à nova polarização produzida e disseminada pelos algoritmos das redes sociais, os militares querem se apresentar como um poder moderador na "defesa da democracia", amparados enganosamente no artigo 142 da Constituição.

Já no primeiro texto, em que apresenta o nosso "despotismo tropical", Alencastro investiga a formação e as influências da geração de oficiais que compunham as Forças Armadas em 1964, destacando a ideologia militarista que sustentou o regime. Desde o pós-guerra, as escolas militares norte-americanas tiveram ascendência sobre os militares brasileiros; o autor destaca então o papel do general Golbery do Couto e Silva, dirigente da Dow Chemical no Brasil, no desenvolvimento do conceito de "fronteiras ideológicas", que previa uma "aliança incondicional com o poder ocidental dominante". A internalização dessa doutrina, inspirada pela Guerra Fria, definiu os opositores do regime — nos campos político, econômico ou dos costumes — genericamente como "subversivos", justificando a violência, a corrupção e os abusos de autoridade em nome da "guerra interna" e contra o comunismo internacional.

Sob essa máscara definiu-se o que hoje devemos classificar como ala criminosa, que reunia parte das forças militares e policiais e parte da burocracia estatal que agia a serviço de diferentes grupos econômicos, ou então em benefício próprio e contra as próprias leis do período.

Esse campo criminoso recebeu o epíteto de "linha-dura": vitoriosa nas disputas internas da hierarquia, assumiu o regime com a Presidência de Emílio Garrastazu Médici. Nesse contexto, as polícias militares, por meio do decreto n. 667, de 1969, foram incorporadas à estrutura do regime ditatorial, passando a integrar o sistema de repressão. A polícia civil, por sua vez, foi acionada para desmantelar a guerrilha urbana ("Brasil, o despotismo tropical", p. 7). Mas, como observou Alencastro: "Depois de suprimir os movimentos armados, o aparelho repressivo começou a escapar do controle do governo" ("O Brasil diante do teste da 'liberalização'", p. 56), funcionando como polícia privada e "contornando a autoridade do Estado" ("Brasil, o despotismo tropical", p. 7).

A "espinha dorsal do regime" militar foi constituída pelo Serviço Nacional de Informação (SNI), diz o autor ao analisar diferentes aspectos de sua estrutura e também seu protagonismo durante a ditadura. O SNI era o organismo que coordenava o recrutamento, as promoções e as transferências do setor público, das empresas estatais e da administração, e que se agigantou durante a ditadura; era o instrumento privilegiado "para reproduzir o pacto que [unia] a burocracia civil e militar aos grandes grupos privados" ("As sobrevivências do regime militar no governo civil", p. 127). Ao lado do Conselho de Segurança Nacional (CSN), o SNI compunha, segundo o autor, um "poder paralelo" que elaborava políticas governamentais. Contava ainda com uma rede de informantes no exterior e atuava como uma diplomacia comercial, que fez decolar a indústria nacional bélica ("A nova face do regime militar brasileiro", p. 79).

Nesse ponto, o olho do presente precisa investigar os contratos bilionários em tecnologia assinados pelos militares, assim como o envolvimento das Forças Armadas com empresas de segurança e a indústria bélica, além da participação de agentes da ativa ou da reserva na venda ou no desvio de armas para o crime. Dessa forma, poderemos entender que hoje a noção de "guerra interna" serve para retroalimentar um estado de conflito militarizado, do qual as forças militares e policiais participam em todas as instâncias. Essas investigações e análises contribuem para definir com clareza o papel das Forças Armadas no Estado brasileiro, ao restringir sua estrutura burocrática e custos a essa missão. No que se refere aos serviços atuais de informação e inteligência, é preciso afastar os militares de seu controle e das ingerências ilegais conduzidas por eles, particularmente na Agência Brasileira de Inteligência (Abin) e no Gabinete de Segurança Institucional (GSI).[15]

Desde aquela época, Luiz Felipe de Alencastro era um importante analista dos sistemas eleitoral e partidário brasileiros; sua observação atenta identifica as razões que levaram à preservação das eleições durante a ditadura, primeiro pelo sistema bipartidário — entre a legenda oficial, a Aliança Renovadora Nacional (Arena), e o Movimento Democrático Brasileiro (MDB), da oposição consentida — e, depois, com o pluripartidarismo. Como ele destaca, do ponto de vista do regime o sistema bipartidário funcionou bem até 1974, quando a Arena foi derrotada pelo MDB nas eleições legislativas, e novamente nas municipais de 1976. Em resposta, o governo militar suspendeu o Congresso, e o presidente Ernesto Geisel, com plenos poderes, promulgou uma série de leis que ficou conhecida como Pacote de Abril. O mandato presidencial passou de cinco para seis anos, a representação dos estados menores aumentou no Congresso Nacional e a eleição para o Senado tornou-se indireta (pelo colégio eleitoral) para metade das vagas a serem preenchidas, institucionalizando o "senador biônico".

Para tratar da história vivida a partir de 1976, Luiz Felipe de Alencastro se valia das notícias do Brasil que chegavam ao exterior por meio de uma rede de informantes que passavam e discutiam as novidades. A experiência de testemunhar o fim da ditadura salazarista e do colonialismo português revelava uma onda de mudanças no contexto internacional que tinha seus reflexos no Brasil, e as derrotas eleitorais de 1974 e 1976 pareciam ser uma prova disso. Alencastro se recorda da importância daquelas eleições para "abrir o horizonte dos exilados", num momento em que eles temiam morrer no exílio. Revelaram igualmente, na percepção do autor, que o eleitorado brasileiro estava dando uma resposta ao regime e rechaçando a ditadura.

Ao voltar de Portugal para a França, Alencastro começou a dar aulas na Universidade Paris 8 (Vincennes) e na Universidade de Rouen. Duas vezes por semana, ia de trem para a cidade e encontrava os colegas de universidade no vagão-restaurante, onde conversavam sobre seus campos de pesquisa e davam "aulas" uns para os outros. Alencastro diz que aprendeu muito naquelas viagens.

As derrotas eleitorais, segundo sua análise, relacionavam-se à deflagração da crise econômica, associada à inflação, ao desequilíbrio fiscal e, consequentemente, à dívida externa crescente, àquela altura com forte participação de empréstimos de bancos privados. A crise dava munição aos opositores porque despedaçava o mito do "milagre econômico" e também atingia os aliados do regime ("Dívida externa, fator de desestabilização", p. 95), aprofundando as tensões entre a hierarquia militar tradicional e a nova burocracia militar (apoiada pelo setor econômico estatal e pelo SNI). Também foram se inflamando os setores da direita radical, que exigiam medidas duras contra o avanço da oposição, provocando divergências entre o empresariado e insatisfações entre as classes médias que apoiaram a ditadura. A eleição do presidente democrata Jimmy Carter nos Estados Unidos, como salienta o autor, completava a mudança do cenário global. Carter, que visitou o Brasil em março de 1978, colocou em pauta a situação dos direitos humanos sob a ditadura no momento em que os militares buscavam contornar o impedimento norte-americano para o desenvolvimento de um programa nuclear brasileiro e negociavam a compra de centrais nucleares da Alemanha Ocidental ("As divergências entre Washington e o regime militar", p. 40).

Em 1976, o *Diplô* enviou Alencastro para os Estados Unidos, onde ele conversou com Robert Pastor, do Conselho de Segurança Nacional em assuntos da América Latina, e com Leonel Brizola, figura destacada da oposição, a pedido de Miguel Arraes. No artigo "Os limites das intervenções de Washington na América Latina" (p. 47), o autor menciona o encontro com Pastor e observa que, apesar de acenar com mudanças na relação com a ditadura brasileira, havia na burocracia norte-americana um impasse, além de falta de interesse pela região, o que reduziu a possibilidade de pressão contundente sobre o regime.

A "paz dos torturados", promovida pelo aniquilamento dos movimentos de oposição armados entre 1968 e 1972, foi superada por uma nova e pungente mobilização social que Alencastro levou para as páginas do *Diplô*. No texto "Uma sociedade sem preconceitos raciais?", ele faz um histórico dos movimentos negros no Brasil, destacando a atuação de Abdias do Nascimento até a criação do Movimento Negro Unificado (MNU), em 1978, que visava "organizar os negros nas favelas, nas fábricas, nos bairros e unir-se a todos os setores da sociedade para lutar pelo estabelecimento de um Estado democrático" ("Uma sociedade sem preconceitos raciais?", p. 74). O autor ressalta também que setores das classes médias e profissionais liberais começaram a denunciar as violências e corrupções no interior do regime. Surgiu um "movimento sindical independente e dinâmico" que realizou, em todas as regiões do Brasil, quase trezentas greves no segundo semestre de 1979, e no qual se notabilizava a figura de Luiz Inácio da Silva, "conhecido como Lula" ("O Brasil diante do teste da 'liberalização'", p. 56), presidente do Sindicato dos Metalúrgicos do ABC. Alencastro também comenta as paralisações extraordinárias feitas pelos operários da construção civil em Belo Horizonte (Ibid., p. 56).

No início da Presidência do general João Baptista Figueiredo, o governo militar respondeu às pressões com a Lei da Anistia e com o restabelecimento do pluripartidarismo. Em primeiro lugar, essas medidas atendiam aos interesses dos militares e de seus apoiadores, garantindo tanto impunidade como ocultação e destruição de documentos, enquanto o submundo da corrupção estatal e policial continuava operando. Alencastro chama atenção para a intenção do regime de esvaziar a oposição e dividi-la em diferentes partidos, rompendo com a Frente Democrática e instaurando uma disputa entre eles. O general Golbery, defensor das medidas, atentava igualmente para o enfraquecimento político dos movimentos sociais, recolocando, em suas palavras, "os partidos em seu papel original de principais atores do campo político" ("A nova face do regime militar brasileiro", p. 79). Nesse ponto, o olho no presente se abre para reconhecer que o Partido dos Trabalhadores (PT), em sua história à frente do Executivo federal, realizou a expectativa que Golbery depositou no enfraquecimento dos movimentos sociais.

A "liberalização sob controle" estava marcada por incertezas e "chicanas jurídicas" que dificultavam a percepção do fim da ditadura. Alencastro denuncia o controle da imprensa e das lideranças de oposição, principalmente as sindicais, que eram perseguidas e reprimidas.

Lula e outros líderes sindicais foram julgados pela Justiça Militar e pela Lei de Segurança Nacional, como aponta o autor no artigo "Tribunal internacional Lula e Walesa, mesmo combate". Em 1980 foi criado o PT, formado por sindicalistas, intelectuais e profissionais liberais, além de militantes da esquerda católica. As Comunidades Eclesiais de Base da Igreja (CEBs) davam força e capilaridade, no campo e nas cidades, à luta contra a ditadura (p. 87). No campo, novas organizações sindicais surgiram e, nas cidades, associações de bairro e entidades profissionais, como a Associação Brasileira de Imprensa (ABI) e a Ordem dos Advogados do Brasil (OAB), engrossaram as fileiras em favor da democracia. Na época, Alencastro era muito próximo dos socialistas franceses, particularmente do grupo de Lionel Jospin. Veio festejar a Anistia no Brasil em 1979, mas, com emprego na França e desejando ver a chegada dos socialistas à Presidência, com François Mitterrand, decidiu continuar naquele país.

No entanto, como anuncia no primeiro texto desta coletânea, "uma das características mais marcantes do regime brasileiro tem sido a extensão do aparato repressivo e sua penetração em todas as engrenagens da sociedade civil" ("Brasil, o despotismo tropical", p. 7). Desse modo, diversos bandos militares e policiais — sempre com o apoio de empresários, da casta judiciária e da direita civil conservadora — agiam por conta e benefício próprios, para o bem privado e contra o bem comum e a nação. Era uma gente que praticava a corrupção, a tortura e a extorsão sem necessidade de prestar contas a ninguém. Foi assim que o golpe, que se anunciou breve, com eleições previstas para 1966, tornou-se uma ditadura de mais de vinte anos, por conta dessas bandas podres que agiam impunemente. Com a inevitabilidade do fim do regime, construído pela luta popular, essas facções assumiram o terrorismo, praticando atentados, abrindo escritórios do crime etc. Nos subterrâneos do Estado militarizado, nasceu o milicianismo. Nos estertores da ditadura, formou-se uma nova geração de oficiais e praças — com o ressentimento de não serem nada além de sentinelas da nação.

Em 1986, Alencastro defendeu sua tese na Universidade de Paris 10 (Nanterre), casou-se com sua companheira portuguesa Vera Jourdain. Os dois decidiram vir morar no Brasil com o filho, Mathias, de dois anos, no momento em que se preparavam as eleições para a Assembleia Constituinte. Alencastro aceitou o convite para ser pesquisador do Centro Brasileiro de Análise e Planejamento (Cebrap) e passou num concurso para professor da Universidade Estadual de Campinas (Unicamp). Julia Juruna não assinou mais os textos do *Diplô*. Agora ele era ele mesmo, observando e atuando na construção da democracia brasileira.

Alencastro era a favor do voto dos analfabetos, cerca de 20% da população com idade para votar; rechaçava a ideia de ignorância do povo e destacou ao longo da ditadura o crescimento da vontade popular em acabar com o regime. Quando chegou ao Brasil, achava que o PT não tinha condições de ser um partido forte e decisivo para redemocratizar a política brasileira, e pensava que o Partido do Movimento Democrático Brasileiro (PMDB) ainda cumpriria esse papel. Foi o sociólogo Chico de Oliveira, seu colega de Cebrap, que o levou para conhecer o PT, e Alencastro se aproximou do partido. Continuou acompanhando a história de Portugal, e o marco de adesão à Comunidade Europeia, em 1985, representava o fim do isolamento decorrente da longa ditadura salazarista ("Racismo e mitos brasileiros", p. 20). Em 1988, foi convidado por Celso Furtado, então ministro da Cultura do governo de José Sarney, para compor em Brasília uma comissão do centenário da abolição da escravidão, grupo que forneceu as bases para a criação da Fundação Palmares. Participou de vários outros eventos em torno da data comemorativa e foi coeditor do número especial da revista *Veja* sobre o centenário.[16]

No mesmo ano em que Alencastro voltou para o Brasil, o capitão Jair Messias Bolsonaro surgia na mídia nacional, nas páginas da *Veja*, reclamando dos soldos. No ano seguinte, o militar era acusado de planejar uma série de atentados contra quartéis e outras unidades militares no Rio de Janeiro, incluindo a Academia Militar das Agulhas Negras (Aman). Sua absolvição no Superior Tribunal Militar (STM), em 1988, revela que ele estava amparado por uma parte da alta hierarquia.[17] Ao se tornar presidente da República, trinta anos depois, demonstraria que os "segmentos submersos" do regime militar continuaram operando na democracia brasileira. A corrosão das instituições militares no Brasil estava completa, o capitão insubordinado e terrorista era o chefe de generais de quatro estrelas.

A manutenção da fachada legal e constitucional, a "transição lenta e gradual" conduzida pelos militares, assim como a restituição dos direitos políticos, produziram uma zona cinzenta entre ditadura e democracia que teve consequências para nossa história recente, em que o autoritarismo, e mesmo a tirania, coexistiram com a democracia. Precisamos reconhecer que a maior parte da estrutura estatal brasileira, do sistema eleitoral-partidário e das formas de relação com setores econômicos e civis, foi construída pelos militares ("As sobrevivências do regime militar no governo civil", p. 127). Os mitos do "milagre econômico", da honestidade e da competência dos militares continuam vivos em parte do imaginário nacional, e a ditadura continua a ser celebrada nos quartéis e nas redes sociais.

A Lei Orgânica das Polícias Militares (LOPM), promulgada em 2023 pelo governo Lula, além de manter a estrutura militarizada das polícias, como corpo de reserva do Exército, definiu regras para os policiais que desejam se tornar políticos. Uma tentativa de *golpe* foi promovida no Brasil no início de 2023. E a interpretação que diz que o artigo 142 da Constituição dá o poder moderador às Forças Armadas alguma hora pode vingar, obrigando-nos a questionar se o processo de "liberalização sob controle" analisado por Alencastro deve ser mesmo chamado de "redemocratização" ou se ele foi um enxerto de democracia em nosso conhecido "despotismo tropical".

Notas

Brasil, o despotismo tropical

1 L.R. Einaudi e A.C. Stepan, *Latin American Institutional Development: Changing Military Perspectives in Peru and Brazil*. Rand Corporation, Relatório R-586-DOS, abr. 1971.
2 J.K. Galbraith, *Ambassador's Journal — A Personal Account of the Kennedy Years*. Londres/Boston: Hamish Hamilton/Houghton Mifflin, 1969.
3 Sobre o financiamento de órgãos de repressão por meios financeiros e industriais brasileiros e estrangeiros estabelecidos no Brasil, cf. Moniz Bandeira, *Cartéis e desnacionalização* (Rio de Janeiro: Civilização Brasileira, 1975, pp. 203 e 206); Manfred von Conta, "Brasilien: Zäher Widerstand gegen den Präsidenten" (*Süddeutsche Zeitung*, Munique, 6 jun. 1974); Keith Botsford, "Sinister Backing for Fittipaldi", *The Sunday Times*, Londres, 1 fev. 1976. Sobre os eventos de São Paulo, cf. também a carta endereçada aos editores do *The New York Review of Books*, em 27 nov. 1975, redigida por cinco eminentes universitários norte-americanos especialistas na sociedade brasileira.
4 A participação de oficiais militares em sessões de tortura foi estabelecida em várias ocasiões: o jornal *Expresso*, de Lisboa, datado de 7 fev. 1976, publicou várias passagens do documento redigido por 35 prisioneiros políticos sobre suas condições de detenção. Entre os 60 torturadores identificados pelas vítimas estão 20 soldados: 1 general de divisão, 3 coronéis, 4 majores, 8 capitães, 3 tenentes e 1 sargento.
5 Cf. José S. da Veiga, "Quand les Multinationales font du ranching", *Le Monde Diplomatique*, Paris, set. 1975.
6 Trata-se do relatório intitulado "Potential Implications of Trends in World Population. Food Production, and Climate", OPR-401, ago. 1975,; cf. Joseph Collins, "La CIA et l'arme alimentaire" (*Le Monde Diplomatique*, Paris, set. 1975).
7 Guy Aurenche, 1, rua Paul-Strauss, Paris, 20ᵉ.

Racismo e mitos brasileiros
1. *Maîtres et esclaves* [*Casa-grande & senzala*], trad. francesa de Roger Bastide, prefácio de Lucien Febvre. Paris: Editions Gallimard.

Os militares brasileiros diante das armadilhas da "liberalização"
1. Ver artigo de Charles Vanhecke: "Il N'y a Plus de 'Modèle brésilien' de lutte contre l'inflation" (*Le Monde*, Paris, 9 nov. 1976), bem como o importante estudo "A Survey of Brazil Change in Direction", de Robert Harvey (*The Economist*, Londres, 31 jul. 1976).
2. Fonte: Morgan Guaranty, citada pelo *The International Herald Tribune*, Paris, 8 nov. 1976.
3. Cf. *Newsweek*, Nova York 29 nov. 1976: "High Hopes, Deep Debts".
4. Tais fatos têm sido constantemente verificados desde a Segunda Guerra Mundial e tiveram sua melhor ilustração na política seguida por Goulart entre 1961 e 1963. Durante esse período, o presidente agia constantemente em paralelo aos organismos institucionais, aparecendo como chefe de uma oposição que se manifestava no interior do próprio poder, colocando à prova os limites de um sistema semipresidencialista que não permitia realizar as reformas sociais reivindicadas pelas massas.
5. Cf. *Os partidos e as eleições no Brasil*, organizado por Bolívar Lamounier e Fernando Henrique Cardoso. Rio de Janeiro: Paz & Terra/Cebrap, 1975 (Estudos Brasileiros, v. 6).
6. Extraído do "manual" que o MDB publicou para seus candidatos durante as eleições de 1974 sob o título *Democracia com desenvolvimento e justiça social* (Brasília: Horizonte, s/d.).

As dificuldades do regime militar brasileiro
1. Ver *Le Monde*, Paris, 16 abr. 1977.
2. Pesquisa publicada no *Jornal do Brasil*, Rio de Janeiro, 13 fev. 1977.
3. Documento reproduzido em *Opinião*, Rio de Janeiro, 18 mar. 1977.

As divergências entre Washington e o regime militar
1. Esses documentos estão na biblioteca Lyndon Johnson, em Austin (Texas), e na biblioteca John Kennedy, em Boston, e foram publicados no *Jornal do Brasil* pelo jornalista Marcos Sá Corrêa.
2. O coronel (depois general) Vernon Walters foi oficial de ligação norte--americano na Força Expedicionária Brasileira (FEB) na Itália em 1944,

tornando-se amigo do então coronel Humberto Castello Branco, adido militar no Brasil de 1945 a 1948 e, de novo, entre 1962 e 1967. Em 1972 se tornou vice-diretor da CIA.
3 Ver entrevista de Magalhães Pinto no *Le Monde*, Paris, 14 jan. 1978.

Os limites das intervenções de Washington na América Latina

1 Particularmente visado pelos "falcões", o senador democrata Dick Clark, autor de uma emenda que submete as intervenções militares norte-americanas em Angola e nos países da África Austral ao controle do Congresso, refutou as acusações que lhe são feitas: "A emenda não proíbe a assistência militar [...]; mas determina que o governo deve obter a autorização total do Congresso se quiser oferecer (a qualquer facção) sua assistência em Angola" (Cf. *The Nation*, 5 ago. 1978).
2 Parece estabelecido que as garantias sobre a "estabilidade" da Nicarágua foram dadas aos congressistas que hesitavam em ratificar os tratados sobre a cessão do canal do Panamá ao governo panamenho. A Nicarágua constitui a melhor alternativa para a construção de um novo canal, previsto há muito tempo, entre o Pacífico e o Atlântico.
3 No ano de 1962, o Congresso votou créditos de 1,2 bilhão de dólares destinados à Aliança para o Progresso — soma que deve ser comparada aos 300 milhões de dólares de que dispõe atualmente a Casa Branca para seus programas de ajuda à América Latina.
4 Cf. *Washington Post*, 10 ago. 1978.
5 *A Summary Survey of, and Response to, the Criticism of the Current Emphasis on Human Rights in the Foreign Policy of the United States*, por Brady Tyson, membro da delegação americana na Organização das Nações Unidas (ONU), 1978.
6 Cf. *Le Monde Diplomatique*, Paris, jun. 1978.
7 George F. Kennan, *The Cloud of Danger: Some Current Problems of American Foreign Policy*. Nova York: Atlantic Monthly Press, 1977.
8 Citado por Alan Riding, *The New York Times*, 30 jul. 1978.

Que viva a nação!

1 Artigo publicado no *Le Monde*, Paris, 2 abr. 1979, numa seção dedicada ao 150º aniversário do golpe de 1964. Também escreviam na mesma seção o economista Celso Furtado, o sociólogo Luciano Martins e Miguel Arraes.

O Brasil diante do teste da "liberalização"
1   A Anistia não se aplica aos oponentes condenados por ações armadas. Porém, as revisões de processos e os indultos reduziram o número dos que haviam sido excluídos da medida. Estima-se que exista ainda uma dezena de prisioneiros políticos nas prisões e uma vintena de oponentes não anistiados vivendo no exterior.
2   No Brasil, 5 milhões de pessoas recebem mais de cinco salários mínimos (o salário mínimo é de 3 mil cruzeiros; um cruzeiro equivale a dez centavos). Somadas a seus dependentes, essas pessoas formam um contingente de 20 milhões que constitui a base da classe média.
3   Julia Jurana, "Les Militaires brésiliens face aux pièges de la 'libéralisation'". *Le Monde Diplomatique*, Paris, dez. 1976. Artigo publicado neste volume, "Os militares brasileiros diante das armadilhas da 'liberalização'", pp. 26-34.
4   Carlos Castelo Branco, *Jornal do Brasil*, Rio de Janeiro, 14 nov. 1979.
5   Em 1960, o setor secundário ocupava 12,9% da população ativa; em 1976 essa porcentagem subiu para 23,2%. *Indicadores sociais*, Rio de Janeiro IBGE, 1979.

Os limites da "liberalização" no Brasil
1   Para dados dos anos 1974-6, ver *Anuário estatístico do Brasil* (Rio de Janeiro: IBGE, 1977).
2   *International Currency Review*, n. 5, nov. 1979.
3   Cf. nesse sentido J. Serra, "Três teses equivocadas sobre a conexão entre autoritarismo e desenvolvimento", *Dados*, Rio de Janeiro, n. 20, 1979.
4   *Euromoney*, Londres, abr. 1980.
5   "Shifting Sands: International Banking, a Survey". *The Economist*, Londres, 22-28 mar. 1980.
6   *International Currency Review*, n. 5, nov. 1979.
7   *World Financial Markets*, fev. 1980.

Uma sociedade sem preconceitos raciais?
1   *Folha de S. Paulo*, 20 abr. 1977.
2   Julia Juruna, "Racisme et mythes brésiliens", *Le Monde Diplomatique*, Paris, jun. 1976. Publicado neste volume, "Racismo e mitos brasileiros", pp. 20-5.
3   C. Coquery-Vidrovitch e H. Moniot, *L'Afrique noire de 1860 à nos jours*. Paris: PUF, 1974, pp. 158-9.

4   Gilberto Freyre, "L'Expérience afro-brésilienne". *Le Courrier de l'Unesco*, Paris, ago.-set. 1977.
5   Sob pressão dos movimentos negros, o governo aceitou incorporar ao censo demográfico de 1980 critérios que permitirão avaliar o perfil e a dimensão da população afro-brasileira.
6   A secretaria dessas organizações fica na sede do IPCN, avenida Mem de Sá, n. 208, no Rio de Janeiro.
7   Jorge Amado, "Where gods and men have mingled". In: *The UNESCO Courier: a window open on the world*, xxx, 8/9, p. 18-9, ago.-set., 1977. Disponível em: <unesdoc.unesco.org/ark:/48223/pf0000074814.locale=en>.

A nova face do regime militar brasileiro

1   Inicialmente, o presidente João Baptista Figueiredo iria também ao Iraque, mas a viagem foi anulada por causa do conflito armado com o Irã. Contatos foram feitos com Bucareste para uma viagem presidencial à Romênia, mas a data ainda não foi fechada.
2   As passagens dessa conferência foram publicadas pela revista *Veja*, São Paulo, 10 set. 1980.
3   Boa parte das armas exportadas pelo Brasil são registradas como "material de transporte" nas estatísticas oficiais, por isso é difícil ter os dados exatos dessas vendas. No entanto, especialistas tendem a considerar que devem oscilar entre 350 e 700 milhões de dólares para o ano de 1980.

Os limites do Proálcool no Brasil

1   Banco Central do Brasil, *Informativo mensal*, out. 1980.

Dívida externa, fator de desestabilização

1   *Folha de S. Paulo*, 27 ago. 1981.
2   Em setembro, 5 mil líderes sindicais representando centenas de sindicatos urbanos e rurais se reuniram no litoral de São Paulo para fundar a Central Única de Trabalhadores (CUT). Constatou-se nessa ocasião que o número de sindicatos havia crescido, passando de 3.801 em 1974 para 4.671 em 1981. Em paralelo, a sindicalização rural havia progredido rapidamente e hoje alcança o número de sindicatos urbanos.
3   *O Globo*, Rio de Janeiro, 6 set. 1981.
4   Banco Mundial, *Rapport sur le développement dans le monde*, ago. 1981.

5 *Jornal do Brasil*, Rio de Janeiro, 13 set. 1981.
6 *Folha de S.Paulo*, 13 set. 1981.
7 *Le Monde*, Paris, 18-19 out. 1981.
8 *Veja*, São Paulo, 2 set. 1981.
9 *O Globo*, Rio de Janeiro, 14 out. 1981.
10 *Gazeta Mercantil*, São Paulo, 31 jul. 1981.

A oposição tem certeza de que vencerá as eleições no Brasil

1 A Federação Brasileira é composta de 23 estados. No entanto, os eleitores do novo estado de Rondônia não elegerão um governador.
2 *Veja*, São Paulo, 29 set. 1982.
3 Após a transferência da capital para Brasília, em 1960, o antigo Distrito Federal do Rio de Janeiro formou o estado da Guanabara, que em 1975 foi fusionado com o estado do Rio de Janeiro e se tornou a capital do estado. O regime pretendia, assim, criar um estado capaz de equilibrar a influência do de São Paulo.
4 *O Globo*, Rio de Janeiro, 28 ago. 1982.

A economia brasileira sob custódia?

1 Celso Furtado, *A nova dependência: Dívida externa e monetarismo*. Rio de Janeiro: Paz & Terra, 1982. Ver também Claude Julien, "Un Merveilleux Écran de fumée: la dette du Tiers-Monde et la crise financière internationale". *Le Monde Diplomatique*, Paris, nov. 1982.
2 "Brésil: la dette extérieure, facteur de déstabilisation". *Le Monde Diplomatique*, Paris, dez. 1981.
3 *O Globo*, Rio de Janeiro, 5 dez. 1982.

O Estado contra a nação

1 Texto incluído no dossiê dedicado ao Brasil e intitulado "Quando o Brasil tem que reinventar a democracia", com artigos de Celso Furtado ("Dívida externa: que tipo de renegociação?"), Michel de Certeau ("Um pioneirismo cristão?"), Chico de Oliveira ("Crise do federalismo ou crise da democracia?"), entre outros, publicado no *Le Monde Diplomatique*, Paris, ago. 1983.

As hesitações dos militares na hora do acerto de contas

1 Prevendo a derrota nas eleições de novembro de 1982, o governo editou em junho do mesmo ano a Emenda Constitucional n. 22 sobre as

regras do colégio eleitoral destinado a eleger o presidente da República. Além dos deputados federais e dos senadores, seis delegados são nomeados pelas Assembleias Legislativas de cada estado. Os estados com menor população, onde o governo tem maioria de votos, designam, dessa forma, o mesmo número de delegados que os estados mais populosos, onde predominam os partidos de oposição.
2   Cf. artigos sobre a carreira de Paulo Maluf publicados pela revista *Novos Estudos Cebrap* (São Paulo, n. 4, nov. 1982).
3   *O Estado de S. Paulo*, 31 jan. 1984 e 10 fev. 1984.
4   Carlos Castelo Branco, *Isto É*, São Paulo, 25 jan. 1984.
5   *Veja*, São Paulo, 5 out. 1983.

As sobrevivências do regime militar no governo civil
1   *Problèmes d'Amérique Latine*, n. 61, Paris, La Documentation Française, 1981.
2   *Veja*, São Paulo, 14 jan. 1985.
3   Foram decretadas "Medidas de Emergência" por sessenta dias, na época da votação da emenda Dante de Oliveira sobre as Diretas Já (25 abr. 1984), transferindo ao Exército e ao general Newton Cruz o controle da segurança pública e proibindo a transmissão ao vivo da votação da emenda na Câmara.

O Brasil contra o presidente Collor
1   Cf. "Dossier Brésil", com artigos de Ignacy Sachs, Henri Raillard e Ignacio Ramonet. *Le Monde Diplomatique*, Paris, nov. 1989.
2   Cf. Véronique Berthonneau, "TV Globo, géant brésilien atteint par la crise". *Le Monde Diplomatique*, Paris, maio 1992.
3   Ver Ignacy Sachs, "Le Brésil dans le corset du plan Collor". *Le Monde Diplomatique*, Paris, jun. 1990.
4   Ver *Courrier International*, 10 set. 1992; ver também *Time*, 7 set. 1992.
5   Ver, sobretudo, Ignacy Sachs, "L'Échec du modèle qui séduit tant la Pologne", *Le Monde Diplomatique*, Paris, nov. 1989.
6   *Le Monde*, Paris, 26 ago. 1992.
7   *Le Monde*, Paris, 9 set. 1992.

Posfácio
1   Rodrigo Bonciani (Org.), *Encontros: Luiz Felipe de Alencastro*. Rio de Janeiro: Azougue, 2019.

2 Piero C. Leirner, *O Brasil no espectro de uma guerra híbrida: Militares, operações psicológicas e política em uma perspectiva etnográfica*. São Paulo: Alameda, 2001, pp. 221-2.
3 Rodrigo Bonciani, "Como era gostoso o meu francês". *Quatro Cinco Um*, set. 2019, pp. 20-1.
4 Luiz Felipe de Alencastro, *O trato dos viventes: Formação do Brasil no Atlântico Sul, séculos XVI e XVII*. São Paulo: Companhia das Letras, 2000, p. 10.
5 Olivier Compagnon e Luiz Felipe de Alencastro, "Penser le Brésil dans l'Atlantique Sud: Entretien avec Luiz Felipe de Alencastro". *Cahiers des Amériques Latines*, n. 100-1, 2022, pp. 187-97. DOI: doi.org/10.4000/cal.15335.
6 "'Marca', em quimbundo [língua de Angola], se diz *karimu*. *Karimbo* era o ferrete oficial de prata ou ferro esquentado na brasa com que se marcavam os negros no momento do embarque, no ato da cobrança dos direitos de exportação. Daí as palavras *carimbo* e *carimbar*. Dessa sorte, o substantivo e o verbo — mais usado na língua portuguesa do Brasil —, definindo as hierarquias, o escopo da propriedade, a validade dos documentos, a autoridade pública exercida pelo Império e pela República brasileira, derivam do gesto, do instrumento que imprimia chancela legal ao comércio de humanos. Da palavra que situa o momento preciso de reificação do africano." Ver Luiz Felipe de Alencastro, *O trato dos viventes*, op. cit., p. 180.
7 Olivier Compagnon e Luiz Felipe de Alencastro, "Penser le Brésil dans l'Atlantique Sud", op. cit., p. 190.
8 A Comissão Nacional da Verdade (CNV) deu início à investigação de assassinatos e violências contra diferentes segmentos, grupos ou movimentos sociais, indo além dos mortos e desaparecidos políticos. O relatório final está disponível em: <cnv.memoriasreveladas.gov.br/index.php?option=com_content&view=article&id=571> (acesso em: 6 fev. 2024). É de conhecimento público e notório que os trabalhos da CNV estiveram na origem da movimentação civil-militar que desencadeou do impeachment de Dilma Rousseff à tentativa de golpe em 2023. Para o impeachment de Dilma, ver Piero C. Leirner (op. cit., pp. 172-3, 209-27). Para o conceito de "necropolítica" do filósofo Achille Mbembe aplicado no caso estatal brasileiro, ver Antonio Teixeira Lima Junior e Carolina Orquiza Cherfem, "Igualdade racial" (*Políticas Sociais: Acompanhamento*

e Análise. Rio de Janeiro, Ipea, n. 26, 2016, pp. 429-80, 2017. Disponível em: <portalantigo.ipea.gov.br/portal/images/stories/PDFs/politicas_sociais/20170519_bps24.pdf>. Acesso em: 6 fev. 2024).

9   Olivier Compagnon e Luiz Felipe de Alencastro, "Penser le Brésil dans l'Atlantique Sud", op. cit., p. 191.
10 Jean Wyllys no Twitter, "A extrema-direita é odiosa em qualquer lugar", 6 nov. 2023. Twitter: @jeanwyllys_real. Disponível em: <twitter.com/jeanwyllys_real/status/1721658749054521696>. Acesso em: 6 fev. 2024.
11 Essa perspectiva de longa duração da história republicana brasileira também foi incorporada no recorte temporal da CNV, que analisou os crimes perpetrados pelo Estado e seus agentes entre 1946 e 1988. Aos olhos do presente, isso confere uma visão tanto de continuidade como das especificidades da ditadura varguista e das ditaduras civil-militares em nossa história.
12 Aqui, é interessante recuperar a análise de Andrew Korybko a respeito da sucessão de "revoluções coloridas" que culminaram em golpes de Estado concomitantes em diferentes regiões do mundo. Para o autor, a revolução colorida é um golpe brando, que produz conteúdos difundidos em massa para desestabilizar os governos e que é "logo seguida por um golpe rígido, por intermédio de uma guerra não convencional, se o primeiro fracassar" (Ver Andrew Korybko, *Guerras híbridas: Das revoluções coloridas aos golpes*. São Paulo: Expressão Popular, p. 15). No Brasil, Leirner associa esse processo às "jornadas de junho" de 2013 e destaca sua configuração específica no país como uma "revolução colorida" "tropicalizada" (Ver Piero C. Leirner, op. cit, pp. 22-6, 94-5, 172-9).
13 São os próprios militares que estabelecem essa conexão; no documento *Projeto de Nação: O Brasil em 2035* está explícito o objetivo de acabar com as restrições "em áreas de interesse do agro e da mineração" (*Projeto de Nação: O Brasil em 2035*. Brasília: Instituto Sagres, 2022). Ver Cristiane Prizibisczki, "Projeto militar para Amazônia quer fim de restrições em áreas de interesse do agro e da mineração", *((o))eco*, 23 maio 2022; João Gabriel, "Insatisfação com atuação de militares na terra yanomami persiste sob Lula", *Folha de S. Paulo*, 21 jan. 2024; Caio de Freitas Paes, "Militar ajuda mineradoras do Canadá a fechar contrato na Amazônia", *Brasil de Fato*, 21 fev. 2022.
14 Natália Santos, "Exército não celebra aniversário do golpe de 1964: Ordens do Dia alusivas ao 31 de março durante o governo Bolsonaro

defendiam a ditadura e classificavam o processo como 'marco para a democracia'", *O Estado de S. Paulo*, 31 mar. 2023. Ver também Piero C. Leirner, op. cit., pp. 184-5.
15 Ver Piero C. Leirner, op. cit., pp. 296-9.
16 Olivier Compagnon e Luiz Felipe de Alencastro, "Penser le Brésil dans l'Atlantique Sud", op. cit., pp. 190-2.
17 Luiz Maklouf Carvalho, *O cadete e o capitão: A vida de Jair Bolsonaro no quartel*. São Paulo: Todavia, 2019.

Origem dos textos

Os artigos reunidos neste volume foram publicados no *Le Monde* e no suplemento mensal desse jornal francês, *Le Monde Diplomatique*, entre 1976 e 1994. Com exceção de três textos, indicados a seguir, todos foram assinados com o pseudônimo Julia Juruna.

"Brésil, le despotisme tropical". *Le Monde Diplomatique*, jun. 1976.
"Racisme et mythes brésiliens". *Le Monde Diplomatique*, jun. 1976.
"Les Militaires brésiliens face aux pièges de la 'libéralisation'". *Le Monde Diplomatique*, dez. 1976.
"Les Difficultés du régime militaire brésilien". *Le Monde Diplomatique*, maio 1977.
"Les Dissensions entre Washington et le régime militaire". *Le Monde Diplomatique*, maio 1978.
"Les Limites des interventions de Washington en Amérique Latine". *Le Monde Diplomatique*, dez. 1978.
"Pour que Vive la Nation". *Le Monde*, 2 abr. 1979. Assinado por Felipe Alencastro
"Le Brésil à l'épreuve de la libéralisation". *Le Monde Diplomatique*, fev. 1980.
"Les Limites de la libéralisation au Brésil". *Le Monde Diplomatique*, jul. 1980.
"Une Société sans préjugés raciaux?". *Le Monde Diplomatique*, nov. 1980.
"Le Nouveau Visage du régime militaire brésilien". *Le Monde Diplomatique*, fev. 1981.
"Tribune internationale Lula et Walesa, même combat". *Le Monde*, 24 abr. 1981.
"Les Limites du Plan Alcool au Brésil". *Le Monde Diplomatique*, jul. 1981.
"La Dette extérieure, facteur de déstabilisation". *Le Monde Diplomatique*, dez. 1981.
"L'Opposition est assurée de gagner les élections à la tête des grands États du Brésil". *Le Monde Diplomatique*, nov. 1982.

"Un Pouvoir mieux assis face à une opposition plus forte". *Le Monde Diplomatique*, jan. 1983.

"L'Economie brésilienne sous tutelle?". *Le Monde Diplomatique*, jan. 1983.

"L'Etat contre la nation". *Le Monde Diplomatique*, ago. 1983.

"Les Vacillations des militaires à l'heure des comptes". *Le Monde Diplomatique*, abr. 1984.

"Les Survivances du régime militaire dans le gouvernement civil". *Le Monde Diplomatique*, abr. 1985.

"Graciliano Ramos et l'autopsie d'une sombre période". *Le Monde Diplomatique*, jan. 1986.

"La Désintégration du Front démocratique au Brésil". *Le Monde Diplomatique*, jan. 1986.

"Les Frères de Tito". *Le Monde Diplomatique*, ago. 1986.

"Un Bon Départ pour le Plan tropical". *Le Monde Diplomatique*, nov. 1986.

"Le Brésil contre le président Collor". *Le Monde Diplomatique*, out. 1992. Assinado por Luiz-Felipe de Alencastro.

"Victoire du Plan Real". *Le Monde Diplomatique*, out. 1994. Assinado por Luiz-Felipe de Alencastro.

Sobre o autor

Luiz Felipe de Alencastro (Itajaí — SC, 1946) é autor de *O trato dos viventes: Formação do Brasil no Atlântico Sul* (Companhia das Letras, 2000), revisado e publicado em inglês em 2018 com o título *The Trade in the Living: The Formation of Brazil in the South Atlantic, Sixteenth to Seventeenth Centuries* pela Suny Press. Organizou o volume 2 da *História da vida privada no Brasil, Império: A Corte e a modernidade nacional* (Companhia das Letras, 1997), ganhador do prêmio Jabuti. Tem uma antologia de entrevistas organizada por Rodrigo Bonciani, *Encontros: Luiz Felipe de Alencastro* (Azougue, 2019).

Aos vinte anos inaugurou uma longa temporada na França, onde se graduou em ciências políticas na Universidade de Aix-en--Provence e se doutorou em história moderna e contemporânea pela Universidade Paris 10, tendo lecionado nas universidades de Rouen e Paris Vincennes.

De volta ao Brasil em 1986, tornou-se livre docente em história econômica pela Universidade Estadual de Campinas (Unicamp) e pesquisador sênior do Cebrap (Centro Brasileiro de Análise e Planejamento). Em nova temporada na França (1999-2014), ocupou a cátedra de História do Brasil na Universidade Sorbonne. É membro da seção de Arqueologia e História da Academy of Europe, sediada em Londres, e professor na Escola de Economia de São Paulo da Fundação Getúlio Vargas, onde coordena o Centro de Estudos do Atlântico Sul.

Sobre o organizador

Rodrigo Bonciani (São Paulo, 1977) é professor na Universidade Federal de São Paulo (Unifesp) e historiador com especialização em história da colonização no Brasil e na África, política indigenista e tráfico de escravizados africanos. Na história contemporânea, investiga o trabalho forçado, o racismo e o milicianismo. É o criador do site Favelas.br (favelasbr.com), repertório digital sobre a história de comunidades periféricas brasileiras. Organizou a antologia de entrevistas *Encontros: Luiz Felipe de Alencastro* (Azougue, 2019).

© Luiz Felipe de Alencastro, 2024

A editora agradece a Serge Halimi/ 'Le Monde Diplomatique'

Esta edição segue o Novo Acordo Ortográfico da Língua Portuguesa

1ª edição: jun. 2024, 2 mil exemplares

EDIÇÃO Tinta-da-China Brasil
PREPARAÇÃO Cristina Yamazaki
REVISÃO Henrique Torres • Tamara Sender
CAPA Beatriz F. Mello
COMPOSIÇÃO Isadora Bertholdo

TINTA-DA-CHINA BRASIL
DIREÇÃO GERAL Paulo Werneck
DIREÇÃO EXECUTIVA Mariana Shiraiwa
DIREÇÃO DE MARKETING E NEGÓCIOS Cléia Magalhães
COORDENADORA DE ARTE Isadora Bertholdo
DESIGN Giovanna Farah • Beatriz F. Mello (assistente)
        Ana Clara Alcoforado (estagiária)
ASSISTENTE EDITORIAL Sophia Ferreira
COMERCIAL Lais Silvestre • Leandro Valente
COMUNICAÇÃO Julia Galvão • Yolanda Frutuoso
        Livia Magalhães (estagiária)
ATENDIMENTO Joyce Bezerra

Todos os direitos desta edição reservados à Tinta-da-China Brasil/ Associação Quatro Cinco Um

Largo do Arouche, 161, SL2 República • São Paulo • SP • Brasil
editora@tintadachina.com.br
tintadachina.com.br

DADOS INTERNACIONAIS DE CATALOGAÇÃO NA PUBLICAÇÃO (CIP)
DE ACORDO COM ISBD

A368d   Alencastro, Luiz Felipe de
Despotismo tropical: a ditadura e a redemocratização
nas crônicas de Julia Juruna / Luiz Felipe de Alencastro ;
organizado por Rodrigo Bonciani. - São Paulo :
Tinta-da-China Brasil, 2024.
192 p. ; 14cm x 21cm.

ISBN 978-65-84835-23-8

1. História do Brasil. 2. Ditadura militar. I. Bonciani, Rodrigo. II. Título.

2024-1509

CDD 981
CDU 94(81)

Elaborado por Vagner Rodolfo da Silva - CRB-8/9410

ÍNDICES PARA CATÁLOGO SISTEMÁTICO
1. História do Brasil 981
2. História do Brasil 94(81)

Despotismo tropical foi composto
em Adobe Caslon Pro, impresso em papel
pólen bold 70g , na Ipsis, em junho de 2024,
nos 60 anos do golpe militar de 1964,
40 anos da campanha pelas Diretas Já (1984)
e 35 anos da primeira eleição direta para a
Presidência da República em 29 anos (1989)